Reinhold Weber

Bergisches Land

Radeln für die Seele

15 Wohlfühltouren

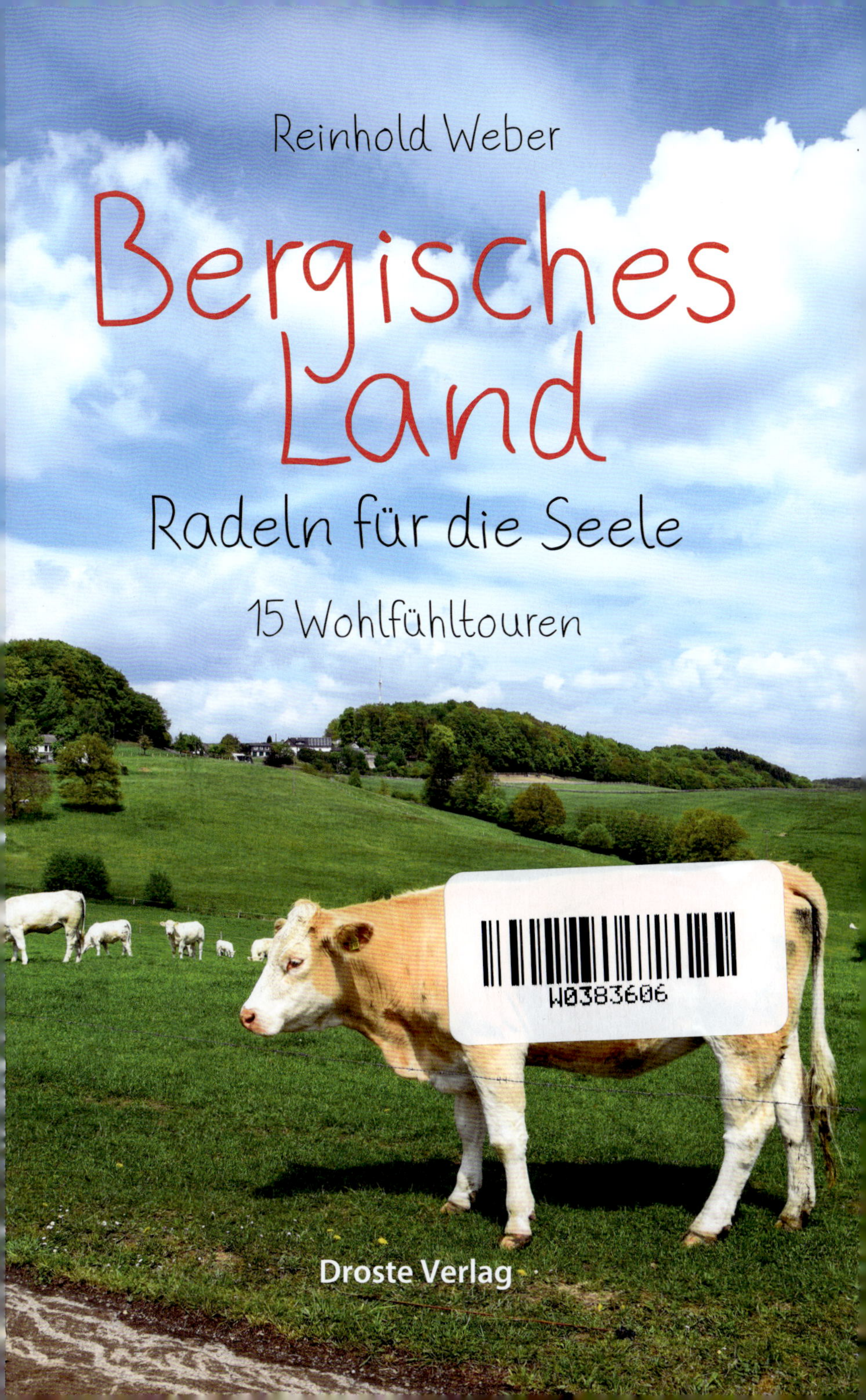

Droste Verlag

Gasthaus zur Neyetalsperre

Ufer der Neyetalsperre

Liebe Radelfreundinnen und Radelfreunde,

Riechen, Schmecken, Tasten, Hören und Sehen: Das Bergische Land lädt zu Touren ein, die alle Sinne reizen. Der Genussmensch kommt voll auf seine Kosten und genauso der, der sich etwas anstrengen möchte. Sich zu bilden ist ebenso möglich wie einfach loszulassen. „Normalos" werden sich über die ehemaligen Bahntrassen freuen, die für Radfahrer hergerichtet wurden. Pedelec-Fahrer sind sicherlich begeistert über die Abwechslung bei der Fahrt durch Täler und über Höhen. Jede Tour ist auf ihre Art wunderbar entspannend.

Unter den ausgewählten zehn Rund- und fünf Streckentouren gibt es Panoramatouren mit grandioser Sicht über das Bergische Land und spektakulären Weitblicken bis nach Remscheid, Solingen, Köln, Düsseldorf, Breckerfeld und Wuppertal. Viadukte und Tunnel auf ehemaligen Bahntrassen sorgen für Überraschungen.

Auf den Entschleunigungstouren lernen wir die Neyetalsperre, diverse Flusstäler und die Bergische Heideterrasse kennen. Wir genießen die Natur an besinnlichen Ruheorten oder erleben Wasser in seiner Vielfalt.

Die Erfrischungstouren führen durch sonnengeschützte Schluchten und Wälder, an Talsperren und Flüssen vorbei; sie erreichen kühlende Höhen und beleben alle fünf Sinne.

Viel Freude beim Radeln durch eine faszinierende Region voller Entdeckungen wünscht

Ihr Reinhold Weber

NATUR-INFO

KULTUR-INFO

TOUREN-/EVENT-INFO

GENUSS-INFO

* 26 Kilometer
* 370 Höhenmeter
* 3–4 Stunden (Seilbahn-/Bahnfahrt)
* Strecke

Brückenpark Müngsten

Vielfältig schweben

Von Solingen über Burg nach Lennep

Bei dieser Tour lässt es sich nicht nur mit dem Fahrrad „schweben", sondern auch auf andere Arten. Auf herrlichen Radwegen durch die aufregenden Mittelgebirgslandschaften des Bergischen Landes werden uns immer wieder Panoramen geboten, die in ihrer Vielfalt tief beeindrucken.

Wir starten unsere Tour auf der **Korkenziehertrasse** in Solingen-Mitte. Sie heißt so, weil der S-förmige Verlauf dem Gewinde eines Korkenziehers ähnelt.

Als **ÖPNV-Fahrer** beginnen wir oberhalb des Bahnhofs Solingen-Grünewald und fahren 100 Meter in Richtung Zentrum. Am ersten Weg rechts biegen wir sofort ab und kommen am Spielplatz vorbei, der links von uns liegt. Am **Museum Plagiarius,** in dessen Nähe die **Autofahrer** gut parken können, fahren wir rechts vorbei und lassen das **Restaurant Stückgut** links liegen. Geradeaus folgen wir nun auf den nächsten etwa 1,5 Kilometern weiter der **Korkenziehertrasse** und verlassen sie dann am Wegweiser, der uns Richtung **Burg/Brückenpark Müngsten** führt, nach rechts.

Das immer wiederkehrende **Radwegschild** und das Logo des **Bergischen Panorama-Radwegs,** dem wir nun bis Unterburg folgen werden, weisen uns den Weg bergab. Nach etwas über 1 Kilometer geht es rechts in den **Zedernweg.** Wir fahren oder schieben bergauf bis zu einer T-Kreuzung, von der wir der Straße **Meigen** ein kurzes steiles Stück nach links folgen bis zum **Aussichtspunkt Theegarten ❶.** Von hier aus gibt es einen Panoramablick auf Solingen, Remscheid und Wuppertal.

Wir fahren nach rechts abwärts und folgen vor ei-

Diederichstempel

Für die Seele

Wunderschöne Orte im Bergischen mit fantastischen Panoramablicken können wir auf dieser Tour immer wieder neu entdecken und aus neuer Perspektive sehen.

ner Brücke scharf links dem Radwegschild, das uns auf der sogenannten **Bergbahntrasse** fast 2 Kilometer lang bergab führt. Die Bergbahntrasse wurde 1908 in Betrieb genommen, aber bereits 1917 wieder stillgelegt. Sie diente dem Personenverkehr, weil sie mit etwa 4 Prozent Steigung für den Gütertransport zu steil war.

Am Radwegschild kurz hinter dem tiefsten Punkt biegen wir links ab und gelangen an eine Straße (es ist die **B 229**). Nun lassen wir uns zwischen ihr und der Wupper auf der linken Seite hinuntertreiben, überqueren die Wupper und fahren an einer Ampel über die Bundesstraße nach rechts. Ein kleiner Weg mit der Beschilderung **„Brückenpark Müngsten"** und **Bergischer Panorama-Radweg** führt uns auf die **Napoleonsbrücke,** die uns links einen schönen Blick auf Wupper und Diederichstempel ermöglicht. Die Brücke aus

Bergbahntrasse

*Eine Attraktion für Jung und Alt ist das **Müngstener Rätsel im Brückenpark:** An einer zentralen Stelle hat die Künstlerin Ulrike Böhme zehn Rätselfragen auf Bodenplatten geschrieben. Aufmerksame Besucher finden die Antworten dazu im Park verteilt.*

Stein entstand erst 1849; sie wurde aus ungeklärten Gründen im Volksmund Napoleonsbrücke genannt. Der Diederichstempel ist ein gestifteter Pavillon mit schöner Aussicht auf die Müngstener Brücke und die Wupper (siehe Tour 9, S. 108).

Hinter den Treppenstufen der Napoleonsbrücke biegen wir links ab und fahren etwa 500 Meter bis zum **Brückenpark Müngsten** ❷, der uns fantastische Blicke auf die Müngstener Brücke und das Tal der Wupper erlaubt.

Am Eingang befindet sich der **Schaltkotten,** in dem heute eine Schmiede ansässig ist. Dazu gehört ein kleines Wehr mit einer aktiven Wasserkraftanlage. Das **Haus Müngsten** ❷ mit seiner Fassade aus rostigem Corten-Stahl und riesigen Fenstern prägt das Bild des Parks unter der Brücke. Hier lockt ein Gastronomiebetrieb mit Bistro, Café und Restaurant zur Einkehr. Seine Besonderheit ist, dass er Menschen mit Behinderungen eine Beschäftigung und damit eine berufliche Perspektive bietet.

Erst im Anschluss an diese Gebäude beginnt der eigentliche Brückenpark. Eine gestaltete Ufer- und Auenzone mit Rasenflächen lädt zum Sonnenbaden, Spielen und Picknicken ein. Bis zu 10 Meter lange Balkone ragen wie überdimensionale Sprungbretter über die Wasseroberfläche und geben Blicke auf Flusslauf und Brücke frei.

Wenn wir unter der Brücke durchgefahren sind, erreichen wir die **Schwebefähre Müngsten** ❸, eine auf Seilen über das Wasser schwebende „Draisine". Das Fahrzeug wurde speziell für den Brückenpark entwickelt und schwebt auf zwei Seilen in niedriger Höhe über den Fluss. Die Fahrgäste müssen ihre Muskeln spielen lassen und gelangen so aus eigener Kraft ans andere Ufer der Wupper. Dabei werden sie aber von Fährleuten kräftig unterstützt. Wenn man wenige Meter hoch über dem Wasser schwebt, kann man weit den Flusslauf hinauf- oder hinab schauen. An heißen Sommertagen sind die kühlende Luft über

Schwebefähre

Engelsfriedhof

*Der **Engelsfriedhof** hatte ursprünglich über 100 Grabsteine mit einheitlicher Gestaltung, einem Engelskopf im oberen Teil, der von Totenkopf und Totengebein flankiert wird. Trotz umfangreicher Restaurierungsarbeiten sind die Verwitterungsschäden an den Steinen nicht aufzuhalten.*

dem Bett des Flusses und im Herbst die bunten Blätter des waldbestandenen Ufers ein Genuss.

Nachdem wir mit der Schwebefähre übergesetzt haben, fahren wir etwa 3 Kilometer über einen romantischen Waldweg entlang der Wupper flussabwärts. Vor der **evangelischen Kirche Unterburg** biegen wir rechts ab. Auf einer schönen Wiese empfängt uns ein Picknick-Ensemble in großer Ruhe und Beschaulichkeit. Hinter einer Steinmauer entdecken wir eine historische Besonderheit aus dem 18./19. Jahrhundert, den **Engelsfriedhof** 4.

Bei der Weiterfahrt erreichen wir nach etwa 500 Metern die **Eschbachstraße.** Wer nichts vom Schweben mit der Seilbahn hält, muss in den sauren Apfel beißen: Er biegt links ab und folgt dem Bergischen Panoramaradweg, um später rechts auf der **Burgtalstraße** eine gut 1 Kilometer lange steile Steigung fahrend oder schiebend hochzuschnaufen.

Alle Genussradler sollten dagegen rechts abbiegen und geradeaus bis zur Talstation der **Seilbahn Burg** 5 radeln. 1951 wurde die Sesselbahn von einem Kaufmann sowie dessen Vater und Bruder aus Remscheid erbaut. Jährlich wird sie von etwa 200.000 Fahrgästen genutzt, um vom Ortsteil Unterburg den darübergelegenen Ortsteil Oberburg mit der Grafenresidenz Schloss Burg zu erreichen.

Seit 2012 besteht die Möglichkeit, auch Fahrräder mit nach oben zu transportieren. Fahrradtaschen und Akkus müssen neben der Person auf dem Sitz gelagert werden, das Fahrrad wird hinter dem Sitz vom Personal eingehakt. So kann man auf einer Fahrtstrecke von knapp 250 Metern etwa 90 Höhenmeter überwinden und schwebend den Panoramablick genießen.

Am eigens für Radler eingerichteten Ausgang auf der Bergstation halten wir uns links und stehen direkt vor dem **Café Zum Rittersturz** 6 mit tollem Ausblick auf das Bergische Land.

Café Zum Rittersturz

Ihre ungewöhnliche Form verdankt die ***Kaiserlinde*** *im ehemaligen Pfarrgarten Ordensleuten: Sie beschnitten den Baum so, dass eine Laube und eine Hütte entstanden: begehrte Orte, um hier das Brevier zu beten und dabei das großartige Panorama zu genießen.*

Schieben wir unsere Räder etwas den Berg hoch, erreichen wir eine Aussichtsplattform mit der 250 Jahre alten **Kaiserlinde** ❼.

Nun geht es nochmals einige Meter nach oben, dann fahren wir rechts an Schloss Burg vorbei und biegen dahinter rechts in die **Wermelskirchener Straße** ein. Ab hier bis ins Zentrum von Wermelskirchen können wir wieder dem **Bergischen Panorama-Radweg** folgen.

Auf der Wermelskirchener Straße bewegen wir uns fahrend oder schiebend weiter aufwärts, bis rechts die **Talsperrenstraße** abzweigt. Deren Verlauf folgen wir durch eine Rechtskurve und biegen ein wenig später links Richtung Wermelskirchen in die Straße **Hummelsburg** ein. Kurz vor der nächsten Ortschaft stoßen wir auf den **Pausenplatz „Alter Fritz“** ❽, wo wir uns

Pausenplatz „Alter Fritz“

Blick von der Müngstener Brücke

Das **Café Wild** gibt es bereits in der sechsten Generation. Anfangs wurde es „Zuckerbäckerei" genannt. Heute ist es zu einer anspruchsvollen Konditorei und Confiserie geworden, laut „Der Feinschmecker 2014" eine der besten Konditoreien Deutschlands.

an den Tischen und Bänken erholen und schon wieder eine tolle Aussicht genießen können.

Bei der Weiterfahrt biegen wir an der Hauptstraße **Neuenflügel** rechts ab und fahren 600 Meter auf dem Bürgersteig. Dann nehmen wir die zweite Straße rechts, wobei wir uns wieder an dem Radwegschild und Wegweiser **Bergischer Panorama-Radweg** orientieren.

Wir biegen in die nächste Straße links **(K 8)** ein und fahren bei der folgenden Einmündung nach rechts auf **Hünger** und später **Ostringhausen** bis Wermelskirchen. Im Kreisel nehmen wir die zweite Ausfahrt ins Zentrum von Wermelskirchen und fahren von der **Burger Straße** rechts ab in die **Viktoriastraße,** in der wir uns sofort wieder links orientieren.

Wir folgen jetzt immer dem Radwegschild und Wegweiser **„Bergischer Panorama-Radweg Richtung Hückeswagen",** bis wir vor einer Kirche rechts den Marktplatz und links das **Café Wild** **9** erreichen.

Wir fahren weiter auf der **Berliner Straße** bis zur Sparkasse, die links liegt. Dahinter biegen wir links

Die 1897 eingeweihte **Müngstener Brücke** ist mit 107 Metern über Grund die höchste Eisenbahnbrücke Deutschlands. Die Bahnverbindung zwischen Remscheid und Solingen war ursprünglich 42 Kilometer lang und wurde durch die Brücke auf 8 Kilometer verkürzt.

ab und nutzen die bestens ausgeschilderte **Balkantrasse** bis zum **Bahnhof Lennep ⑩.** 1911 wurde dessen repräsentatives Empfangsgebäude mit großer Fensterfront und weithin sichtbarem Uhrturm eröffnet. Obwohl Lennep schon seit 1929 nach Remscheid eingemeindet ist, erhielt der Bahnhof erst 1952 den Namen Remscheid-Lennep. Als die Bahn nach und nach alle von Lennep ausgehenden Strecken stilllegte, verlor der Bahnhof seine Bedeutung als „Drehscheibe des Bergischen Landes“.

Hier endet unsere „Radtour per Stahlross“, und wir steigen für den Rest der Fahrt um in die Bahn S 7 Richtung Solingen Hauptbahnhof, um von hier aus den Höhepunkt unserer heutigen Panoramablicke zu erleben. Zwischen Remscheid-Güldenwerth und Solingen-Schaberg fahren wir über die **Müngstener Brücke ⑪** mit einem 400 Meter kurzen, aber berauschenden Blick ins Tal der Wupper, durch das wir anfangs geradelt sind.

Nach der Rückkehr können wir in Solingen-Grünewald an unserem Ausgangspunkt den Südpark mit den ehemaligen Güterhallen des alten Solinger Hauptbahnhofs besuchen. Hier bietet der Verein „Güterhallen“ in 16 Ateliers Raum für Kunst, Handwerk und Wohnen. In dem Gebäudekomplex ist auch das **Museum Plagiarius ⑫** untergebracht, das mehr als 350 Originale und Plagiate unterschiedlichster Branchen im direkten Vergleich zeigt. Sein Ziel ist, die Öffentlichkeit praxisnah über Ausmaß, Schäden und Gefahren von Plagiaten aufzuklären und das Bewusstsein dafür zu schärfen, dass die Geschäftspraktiken der Fälscher enorme Schäden anrichten und Betrug am Verbraucher sind bzw. eine Gefahr für ihn darstellen können.

Als Abschluss ist ein Besuch im **Restaurant Stückgut ⑬** möglich, das am anderen Ende der ehemaligen Güterhallen liegt. Es bietet eine kunstvolle Mischung der italienischen, französischen und deutschen Esskultur mit leichtem asiatischen Crossover.

Museum Plagiarius

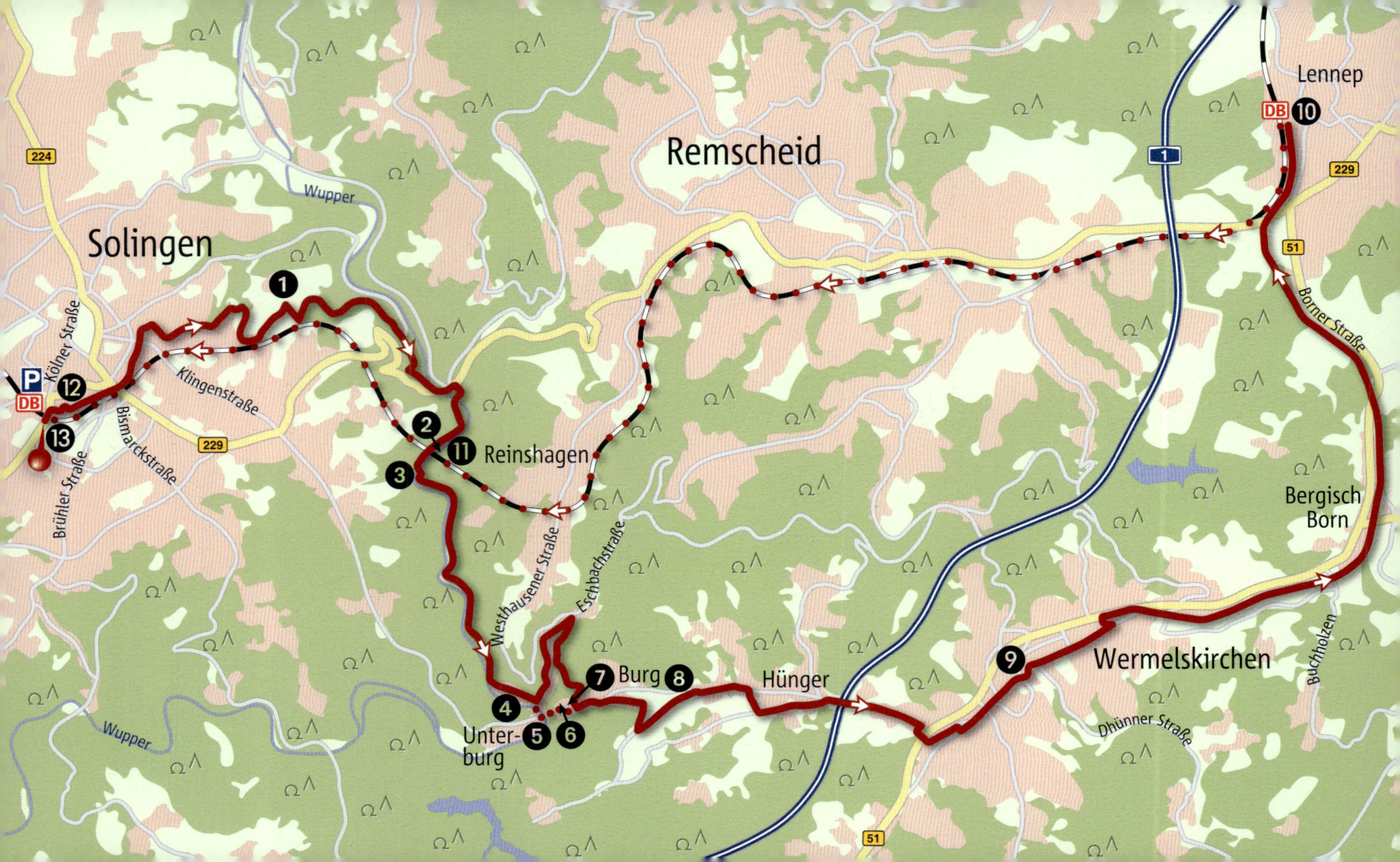

Lennep
DB
10
Remscheid
1
229
224
Wupper
Solingen
1
51
Borner Straße
P
DB
12
Kölner Straße
Klingenstraße
13
Bismarckstraße
229
Brühler Straße
2
11
Reinshagen
3
Bergisch Born
Westhausener Straße
Eschbachstraße
7
Burg
8
Hünger
9
Wermelskirchen
Buchholzen
4
Unter-burg
5
6
Wupper
Dhünner Straße
51

Entspannungsfaktor ★★★☆☆
Genussfaktor ★★★★☆
Romantikfaktor ★★★★☆

WIE & WANN:
Überwiegend befestigte oder asphaltierte Wege; beste Radelzeit April bis Oktober; für diejenigen, die nicht die Seilbahn nutzen, empfiehlt sich ein Pedelec

HIN & WEG:
Start: Bahnhof Solingen-Grünewald (GPS: 51.163869, 7.079617)
Auto: Parkplätze Alexander-Coppel-Straße, Solingen
ÖPNV: S 7 bis Solingen-Grünewald
Ziel: Bahnhof Remscheid-Lennep; Rückfahrt: S 7 bis Solingen-Grünewald

ESSEN & ENTSPANNEN:
Haus Müngsten ❷ Müngstener Brückenweg 71, Tel. (02 12) 2 33 93 20, www.haus-muengsten.de (tägl. 10–19, Fr., Sa. bis 21 Uhr)
Café Zum Rittersturz ❻ Steinweg 14, 42659 Solingen-Burg, Tel. (02 12) 4 29 12, www.rittersturz.de (Mo. 11.30–18, Di., Mi. 10.30–18, Sa./So.10–18 Uhr)
Café Wild ❾ Markt 1, 42929 Wermelskirchen, Tel. (0 21 96) 49 35, www.echt-wild.de (Mi.–Fr. 9–18, Sa. 9–17.30, So.11–17.30 Uhr)
Restaurant Stückgut ⓭ Alexander-Coppel-Straße 50, 42651 Solingen, Tel. (02 12) 2 33 72 09, www.restaurantstückgut.de (Di.–Fr. 11.30–23, Sa. 16–23, So.11.30–22 Uhr)

ENTDECKEN & ERLEBEN:
Aussichtspunkt Theegarten ❶ Brückenpark Müngsten ❷
Schwebefähre Müngsten ❸
Engelsfriedhof der evangelischen Kirche Unterburg ❹
Seilbahn Burg ❺ Schloßplatz 17, 42659 Solingen, Tel. (02 12) 4 31 81, www.seilbahn-burg.de
Kaiserlinde Schloss Burg ❼
Pausenplatz „Alter Fritz" ❽ Bahnhof Lennep ❿
Blick von der Müngstener Brücke auf das Tal der Wupper ⓫
Museum Plagiarius ⓬ Bahnhofstraße 11, 42651 Solingen, Tel. (02 12) 2 21 07 31, www.museum-plagiarius.de (Fr. 9.30–13 und 13.30–17, Sa./So. 13–17 Uhr)

- 42 Kilometer (hin und zurück)
- 330 Höhenmeter
- 3–4 Stunden
- Strecke (hin und zurück)

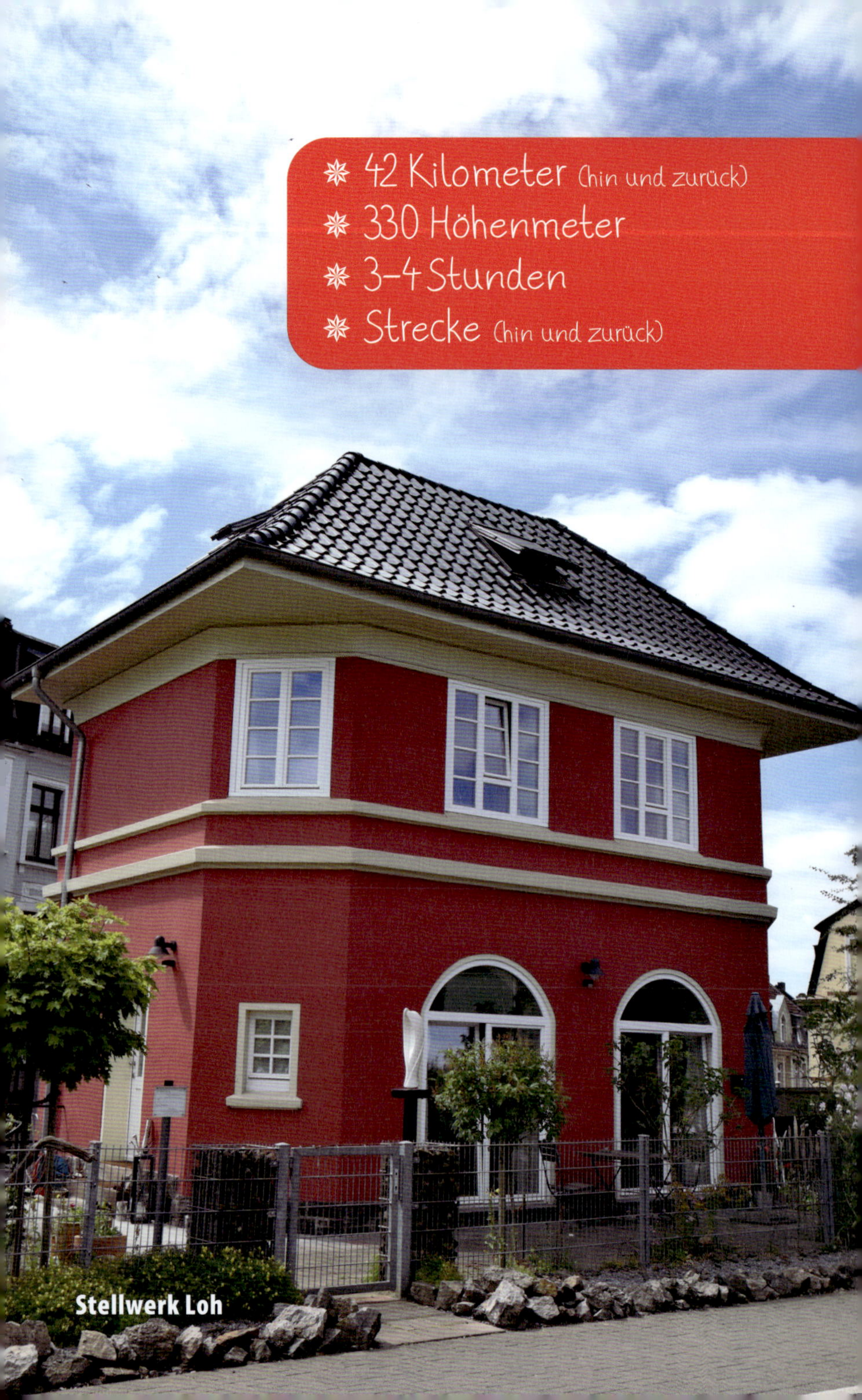

Stellwerk Loh

Trassen-Blicke

Über den Dächern Wuppertals

Die sogenannte Nordbahntrasse – wie der Name schon sagt, eine ehemalige Eisenbahntrasse – erschließt über 23 Kilometer fast kreuzungsfrei und ohne nennenswerte Steigungen die Zentren und nördlichen Stadtteile Wuppertals. Wir fahren durch fünf beleuchtete Tunnel mit einer Gesamtlänge von rund 2 Kilometern, davon der längste über 700 Meter lang, und gemauerte Viadukte bis zu 300 Meter Länge. Mehrere Aussichtspunkte erlauben spannende Aus- und Einblicke in Stadt und Umgebung.

Die Trasse führt an den Relikten einer reichen industriellen Vergangenheit vorbei, aber auch durch fast unberührte Gebiete, die unter Natur- oder Landschaftsschutz stehen. Alte Bahnhöfe mit Gaststätten laden zum Verweilen drinnen und draußen. Über 100 Hinweistafeln machen auf Besonderheiten an Route der Industriekultur aufmerksam. Die Informationen für die Hinfahrt beziehen sich immer auf Sehenswertes rechts von uns und geben so auf der Rückfahrt Gelegenheit, sich der anderen Seite zu widmen.

Wir starten am östlichen Ende des **P+R-Parkplatzes am Bahnhof Wuppertal-Vohwinkel.** Der Zugangs-Radweg zur eigentlichen Nordbahntrasse führt uns bis zur **Herderstraße,** auf der wir links abbiegen und sie nach knapp 100 Metern hinter der Bahnüberführung sofort wieder nach rechts verlassen. Der gut ausgebaute Radweg führt uns an einer Parcours-Anlage vorbei über eine kleine Straße direkt auf die als Fahrradstrecke ausgebaute **Nordbahntrasse.**

Gemütlich radeln wir am Homanndamm mit verschiedenen Sportplätzen und Gastronomieangebot vorbei und erblicken rechts den imposanten **Kugelgasbehälter Möbeck** ❶. Er wurde 1958 erbaut und galt seinerzeit als der größte Kugelgasbehälter der Welt. Heute ist er der größte Kugelgasbehälter Deutschlands und nach wie vor in Betrieb.

Hinter dem ehemaligen, jetzt privat genutzten Bahnhofsgebäude Wuppertal-Varresbeck fahren wir an einer Calisthenics-Anlage mit Fitnessgeräten und Anleitungen für vielfältige Übungen vorbei. Wer sich nicht bewegen, sondern lieber ausruhen möchte, kann dies auf zwei alten, kreativ gestalteten Lagerringen tun, die von Auszubildenden der Firma Schaeffler gebaut und von ihrer Firma gesponsert wurden.

Nachdem wir den **Tunnel Dorp** durchfahren haben, steht rechts ein umgebauter Parkscheinautomat. Das

Tanztunnel

Für die Seele

An der Wiege der Industriekultur machen wir eine bequeme Zeitreise durch Tunnel und über Viadukte mit spannenden Aus- und Einblicken in Stadt und Umgebung.

blaue Gerät hat im Wesentlichen zwei Funktionen: Erstens kann man per Knopfdruck Fledermäusen live zuhören, wenn sie gerade unterwegs sind. Zweitens kann man Fledermausgeräusche vom Band hören.

Direkt dahinter sehen wir den **Ottenbrucher Bahnhof** **2**. Er wurde 1879 errichtet, steht unter Denkmalschutz und wird auch gastronomisch genutzt. 800 Meter weiter erreichen wir die „Hall of Fame für Kreative“, von Graffitikünstlern aus dem In- und Ausland gestaltete ehemals triste Betonwände. Mittendrin, direkt unter der in Hochlage verlaufenden Briller Straße, befinden sich zwei Streetball-Plätze, die dank Überdachung und heller LED-Beleuchtung bei jedem Wetter und bei Dunkelheit bespielt werden können.

Über dem Eingang zum Tunnel Dorrenberg steht in großen Schriftzeichen **„Tanztunnel“** **3**. Das ist ein Relikt aus der Zeit, als im Tunnel noch Gleise lagen und er von Jugendlichen für nächtliche Musikevents genutzt wurde.

Kurz hinter dem Tunnel liegt das Gebäude der ehemaligen Gold-Zack-Werke mit dem **Bahnhof Blo** **4**.

Nur 300 Meter weiter folgt die **Utopiastadt Mirke** **5**. Hier befindet sich das **Café Hutmacher** mit Außengastronomie und vielen Kultur- und Musikevents, die manchmal wegen der großen Anzahl von Besuchern die Radfahrer zum Absteigen und Schieben zwingen.

Kurz vor dem **Tunnel Engelnberg** haben wir einen ersten Panoramablick auf Elberfeld mit der Huppertsberg-Fabrik auf einem Hügel. Die ehemalige Schnür-

Im ehemaligen Gold-Zack-Werk, einem Industriedenkmal und Relikt der Wuppertaler Textilherstellung, befindet sich der ***Bahnhof Blo*** *mit Außengastronomie. Das Café ist Bindeglied zwischen Sport (einer Boulderhalle), Kultur (dem TalTonTHEATER) und Industriedenkmal (Bandwebermuseum).*

Utopiastadt *im Mirker Bahnhof ist ein Kreativnetzwerk mit Büros, Ateliers und Coworking Space. Freiberufler, Kreative, kleinere Start-ups oder digitale Nomaden arbeiten in meist größeren Räumen zusammen und können auf diese Weise voneinander profitieren.*

senkelfabrik wurde zu Ateliers, Räumen für kleine Unternehmen und Wohnungen mit Fernblick umgewandelt.

Leicht zu übersehen – weil man sie überfährt – ist hinter dem Tunnel die **Lego-Brücke.** An ihrer Unterseite befindet sich ein beeindruckendes Graffiti von Martin Heuwold, das ihr Tragwerk wirken lässt, als wäre es aus Lego-Steinen konstruiert. Wer es besichtigen möchte, muss über den Treppenzugang Ostersbaum links in die Rudolfstraße/Schwesterstraße gehen.

Wir fahren nun an einem Steingarten vorbei und erreichen das **Café Tacheles** 6 im Bahnhof Loh. Es wird von dem Verein Tacheles betrieben, der Tacheles redet, wenn es um die Rechte sozial benachteiligter und erwerbsloser Menschen geht. Gegründet wurde er 1994 als Selbsthilfeinitiative von Betroffenen für Betroffene und hat es seitdem zu bundesweiter Bekanntheit und Anerkennung gebracht.

500 Meter weiter liegt rechts von uns **Stellwerk Loh.** 7

*Das **Stellwerk Loh** hat eine lange Geschichte. Auf der untersten Etage wurde eine Werkstatt eingerichtet, wo Kurse in textiler Gestaltung unter dem Motto „Schneidern für die Seele“ angeboten werden. Außerdem gibt es Diskussionsrunden, Filmvorführungen und Konzerte.*

Café Tacheles

Wir erreichen nun den **Tunnel Rott,** hinter dem wir vom Kuhler Viadukt aus einen tollen Ausblick auf die Dächer von Barmen haben. Hinter dem Westkotter Viadukt und dem **Tunnel Fatloh** müssen wir kurz hintereinander unter zwei Brücken durchfahren. Zwischen ihnen lohnt sich ein kleiner **Abstecher** an einen Platz, der uns einen ganz besonderen Panoramablick bietet. Wir verlassen die Trasse rechts und schieben die Räder 10 Meter rechts hoch. Hier sind Abstellplätze. Zu Fuß kommen wir über die Eisenbrücke zum **Belvedere im Hackenberg'schen Garten 8.** Von hier aus gibt es einen fantastischen Ausblick auf den größten Teil Barmens.

Bei der Weiterfahrt sehen wir vom Wichlinghauser Viadukt aus südöstlich von uns den Gasometer Heckinghausen, der in seinem Inneren ein Fitnessstudio, eine Gastronomie und einen Ausstellungsraum verbirgt.

Nach so vielen Eindrücken und Ausblicken wird es Zeit für eine Pause, die wir uns hinter dem Wichlinghauser Bahnhof im **Café Nordbahntrasse 9** mit Gartenterrasse gönnen. Das Café ist ein gemeinnütziges

Projekt, in dem arbeitslose Frauen und Männer Beschäftigung und Qualifizierung in der Gastronomie erhalten. Die Gäste erwartet ein weiter Panoramablick über die Stadt, auf den Erlebnisweg Nordbahntrasse und auf ein Viadukt der neu entstandenen Schwarzbachtrasse.

Zur Weiterfahrt geht es durch das Neubaugebiet Bergisches Plateau, hinter dem wir auf der **Weiherstraße** nach links abbiegen und sofort auf die Straße **Am Diek** stoßen. Auf dem Bürgersteig rechts müssen wir jetzt 600 Meter neben dem Autoverkehr fahren, weil das Gelände der Trasse schon bebaut war, als die Wuppertalbewegung den Bau des Radwegs auf der Nordbahntrasse durchsetzte. Kurz vor der Nächstebrecker Straße geht es an einer aufgehängten Fahrradskulptur rechts ab zur Zufahrt Bramdelle. Jetzt führt der Weg langsam ansteigend durch wenig bebautes Gebiet, durch Wald und Wiesen. Vorsicht beim Überqueren der Linderhauser Straße – der Autoverkehr hat Vorfahrt! Durch den **Tunnel Schee** erreichen wir den **EsS-Bahnhof Schee ⑩.** Hier gibt es Gelegenheit für einen Imbiss und mehr, aber auch einen schönen Ausblick in die Elfringhauser Schweiz.

Bei der **Rückfahrt** konzentrieren wir uns wieder auf die Sehenswürdigkeiten rechts von uns. An der Haltestelle **Bracken** passieren wir die Holzskulptur mit dem Namen „Der Weg ist das Ziel“ und beim **Einschnitt Bramdelle ⑪** können wir noch einmal darüber staunen, dass die Menschen 1870 mit den damaligen technischen Hilfsmitteln diesen Eingriff in die Natur geschafft haben.

Bevor wir wieder den Wichlinghauser Bahnhof erreichen, lockt uns rechts ein aus unbehandelten Schwebebahnpfeilern gefertigtes Stahlkreuz. Es wurde von einem Künstler aus einer Doppelstütze des Schwebebahnhofs Vohwinkel und dem letzten Pfeiler der Werther Brücke gefertigt, die beim Umbau der Wuppertaler Schwebebahn im Schrott landeten.

Daneben steht die **Wichernkapelle ⑫,** die Wande-

EsS-Bahnhof Schee

rern und Radfahrern als ein Ort der Ruhe dienen soll. Ihrem „offenen" Konzept gemäß besitzt sie keine Türen.

Nachdem wir den **Tunnel Fatloh** und den Westkotter Viadukt hinter uns gelassen haben, sehen wir das **Stellwerk Heubruch** mit einem sich daran anschließenden großen Gelände. Wenn uns die Blätter der dahinter stehenden Bäume nicht den Blick verwehren, erkennen wir dort ein großes Gebäude mit dem Schriftzug der früheren **Konsumgenossenschaft Vorwärts Befreiung ⑬.** Sie wurde 1899 durch die Gewerkschaft gegründet, hatte in ihrer besten Zeit 800 Beschäftigte und 48.000 Mitglieder. Sie besaß ein Kontorgebäude und eine Kaffeerösterei, Bier- und Limonadenabfüllgebäude, Zentrallager, Wohnhäuser und eine Großbäckerei, in ihrer Zeit die modernste im Bergischen Land. Auf dem unterirdischen Gleisanschluss konnten gleichzeitig vier Waggons entladen werden.

Eine Pause besonderer Art können wir am Bahnhof Loh einlegen. Für die Kleinen gibt es einen Bewe-

Draisine Bahnhof Loh

gungsspielplatz, für die Größeren die Rekonstruktion des Bahncharakters der ehemaligen Eisenbahnstrecke sowie die **Draisine Bahnhof Loh** ⑭.

Direkt hinter dem **Tunnel Engelnberg** befindet sich die **Kletterwand Jugend & Freizeit Wuppertal.** Von der Brücke aus, die wir kurz danach überqueren, sehen wir die ehemalige Fabrik **Seidenweberei Frowein** ⑮. In dem Backsteinbau von 1899 befand sich die Bandabteilung mit Kontor, Wiegkammer und Lagerräumen. Das rückwärtige Grundstück war mit einer Shed-Halle bebaut, in der Hunderte mechanische Webstühle in drei Schichten produzierten.

Nach so vielen Zwischenstopps treten wir jetzt einmal knapp 3 Kilometer kräftig in die Pedale bis hinter den **Tunnel Dorp,** wo wir den **Bahnhof Dorp** ⑯ erreichen. Alle mit entsprechenden Sportutensilien können hier an den Bahnsteigen Tischtennis oder Boule spielen.

Wer es beschaulicher mag, fährt weiter, bis sich nach rechts ein Blick in einen der vielen **Kleingärten in Wuppertal** öffnet. Davon gibt es 8000 auf Stadtgebiet; der dazugehörige „K-Weg", ein Wanderweg durch Wuppertaler Kleingartenanlagen, hat eine Gesamtlänge von rund 50 Kilometern. Knapp 4 Kilometer weiter erreichen wir wieder unseren Ausgangspunkt, um viele Eindrücke reicher, die wir den Trassen-Blicken über den Dächern Wuppertals verdanken.

Velbert
Schwelm
Wuppertal
Vohwinkel
DB
P
Lüntenbeck
Nordbahntrasse
Varresbeck
Sonnborn
Elberfeld-West
Elberfeld
Katernberg
Uellendahl
Uellendahler Straße
Unterbarmen
Wupper
Barmen
Carnaper Straße
Wichlinghausen
Am Diek
Oberbarmen
Linderhauser Straße
Mollenkotten
Barmer Straße
Elberfelder Straße
535
224
228
7
46
483
1
43
1
2
3
4
5
6
7
8
9
10
11
12
13
14
15
16

Entspannungsfaktor ✱✱✱✱✱

Genussfaktor ✱✱✱✱✱

Romantikfaktor ✱✱✱✱✱

WIE & WANN:

Asphaltierte ehemalige Bahntrasse mit kurzem Straßenabschnitt (Bürgersteig); beste Radelzeit März bis November; ideal für Genussradler

HIN & WEG:

Start: P + R Bahnhof Wuppertal-Vohwinkel (GPS: 51.23478, 7.07577)
Auto: P + R Bahnhof Wuppertal-Vohwinkel
ÖPNV: Diverse RE-, RB- und S-Bahn-Linien bis Wuppertal-Vohwinkel
Ziel: EsSBahnhof Schee, Sprockhövel; Rückfahrt: per Rad auf derselben Strecke

ESSEN & ENTSPANNEN:

bahnhof blo.bouldercafé wuppertal ❹ Wiesenstraße 118, 42105 Wuppertal, Tel. (02 02) 69 54 98 59, www.bouldercafe-wuppertal.de (Mo.–Fr. 14–1, Sa./So. 11–1 Uhr)
Café Hutmacher in der Utopiastadt Mirke ❺ Mirker Straße 48, 42105 Wuppertal, Tel. (02 02) 39 34 86 57, www.clownfisch.eu/utopia-stadt (Sommer: Mo.–Fr. ab 12, Sa./So. ab 10 Uhr; Winter: Mo.–Fr. ab 16, Sa./So. ab 12 Uhr)
Café Tacheles ❻ Rudolfstraße 125, 42285 Wuppertal, Tel. (02 02) 31 84 41, www.tacheles-sozialhilfe.de (Di. 12–17, Mi., Do. 9–17, Fr., So.12–17 Uhr)
Café Nordbahntrasse ❾ Langobardenstraße 65, 42277 Wuppertal, Tel. (02 02) 9 80 65 53, www.wichernhaus-wtal.de (Mo.–Fr. 10–19.30, Sa./So.11.30–19.30 Uhr)
EsSBahnhof Schee ❿ Eisenbahnstraße 11, 45549 Sprockhövel, Tel. (01 70) 4 85 88 90, www.essbahnhofschee.metro.rest (Di.–Do. 13–19, Fr.–So. 11–19 Uhr)

ENTDECKEN & ERLEBEN:

Kugelgasbehälter Möbeck ❶ **Ottenbrucher Bahnhof** ❷ **Tanztunnel** ❸
Bahnhof Blo ❹ siehe ESSEN & ENTSPANNEN **Utopiastadt Mirke** ❺ siehe ESSEN & ENTSPANNEN
Stellwerk Loh ❼ **Belvedere im Hackenberg'schen Garten** ❽
Einschnitt Bramdelle ⓫ **Wichernkapelle** ⓬
Konsumgenossenschaft Vorwärts Befreiung ⓭ Münzstraße 51–53, 42281 Wuppertal
Draisine Bahnhof Loh ⓮ Rudolfstraße 125, 42285 Wuppertal
Ehemalige Fabrik Seidenweberei Frowein ⓯ **Bahnhof Dorp** ⓰

- 46 Kilometer
- 430 Höhenmeter
- 4 Stunden
- Rundtour

Auf der alten Pilgerroute

Panoramatour 3

Sanfte Anstiege

Über Breckerfeld ins Ennepetal

Diese Tour schenkt uns eine Auszeit im Grünen. Sie führt uns bald entlang von Feldern, Wiesen und Wäldern in eine idyllische Landschaft mit fantastischen Weitblicken. Auf der ehemaligen Strecke der Kleinbahn Haspe–Voerde–Breckerfeld fahren wir durch ein traditionsreiches Naherholungsgebiet bis nach Breckerfeld. Mit einer genussvollen Abfahrt durchs romantische Steinbachtal gelangen wir in eines der schönsten Flusstäler Nordrhein-Westfalens, das Tal der Ennepe, das schon im 15. Jahrhundert besiedelt wurde.

Wir beginnen unsere Fahrt am S-Bahnhof Hagen-Heubing an der Kreuzung **Am Hasper Bahnhof/Tillmannstraße.** Bergab fahren wir auf der Tillmannstraße bis zur **Berliner Straße,** biegen kurz rechts ab und sofort links in die **Corbacher Straße.** Wir stoßen auf die Leimstraße, folgen ihr kurz nach links und nehmen dann die erste Straße rechts, die **Hestertstraße.** Wieder biegen wir bei der ersten Möglichkeit rechts ein, in die **Romachstraße,** die an der **L 702 (Voerder Straße)** endet.

Ab hier bis zum Denkmal in Breckerfeld begleitet uns das Radwegschild **ENR** (abgesehen von unserem Abstecher an die Hasper Talsperre). Wir folgen der Voerder Straße nach links, bis rechts die **Bushaltestelle Schützenhof** auftaucht. Hier biegen wir in den Radweg links ein, der offensichtlich über eine ehemalige Bahntrasse führt. Dies bestätigt eine Infotafel auf der linken Seite: Die Dampfeisenbahn Haspe–Voerde–Breckerfeld nahm 1903 ihren Betrieb auf und gehörte später bis 1963 zum Hagener Straßenbahnnetz.

Auf dem 1903 entstandenen ***Plessen-Viadukt*** *überquerte die Kleinbahn Haspe–Voerde–Breckerfeld das Tal. Sie galt als eine der schönsten Straßenbahnstrecken Deutschlands. Die Haltestelle am Plessen-Viadukt war ein beliebter Ausgangspunkt für Spaziergänge um die Hasper Talsperre.*

Wir folgen dem Fahrradzeichen **Enneperunde** mit dem **KnotenPunkt (KP) 15.** Neben uns plätschert der Hasper Bach, der später in seinem natürlichen Verlauf mit alten, teilweise umgestürzten Bäumen wildromantische Blicke bietet. Der heutige Rad- und Wanderweg führt über den **Plessen-Viadukt ❶.**

Wir überqueren ihn, um unmittelbar danach links in den **Talsperrenweg** einzubiegen. Dort halten wir uns später rechts und erreichen die Staumauer der **Hasper Talsperre ❷.** Diese wurde von 1901 bis 1904 zur Trinkwasserversorgung gebaut und ist eine von 14 Talsperren im Einzugsbereich der Ruhr. Bei der Querung der Sperrmauer sollten wir unbedingt anhalten, um den Blick auf diesen „Fjord“ mit waldgesäumten Buchten zu genießen.

Hasper Talsperre

Für die Seele

Eine reizvolle Landschaft genießen – waldreiches Hügelland und liebliche Talauen an murmelnden Bächen und Flüssen.

Am Ende der Staumauer fahren wir links und unterqueren nach einiger Zeit den Plessen-Viadukt. An einem Parkplatz geht es wiederum links hoch, sodass wir die Stelle erreichen, an der wir vorhin links abgebogen sind. Jetzt fahren wir aber rechts und direkt rechts unterhalb des **Café Restaurant Plessen** ③ vorbei.

Das Radwegschild **ENR** führt uns bis zu den ersten Häusern von Voerde, wo wir mit einer scharfen Linkskurve weiter der ehemaligen Bahntrasse folgen. Nach knapp 2 Kilometern müssen wir ungesichert die **L 701 (Breckerfelder Straße)** überqueren, um auf der Trasse zu bleiben. Der Weg windet sich durch Felder, Wiesen und Wälder, und ein herrlicher Ausblick jagt den nächsten. Stehen bleiben und schauen ist ausdrücklich erlaubt und empfohlen! Am besten genießt man das Panorama von einer der Bänke am Wegesrand aus.

Doch in der nächsten Ortschaft, **Oberbauer,** heißt es: sich wieder auf den Weg konzentrieren! Mit der ENR-Wegweisung biegen wir rechts in die **Siegerlandstraße** ein und kommen dann halb links über **Kalkstück** in die **Kotthausstraße,** wo wir uns links halten bis zum **Behlinger Weg.** Hier biegen wir links ab **(Wegzeichen KP 14)** und fahren dann auf der **L 701 (Breckerfelder Straße)** rechts Richtung Breckerfeld.

Auf dem Radweg parallel zur Landstraße L 701 sehen wir bei Steherberg rechts ein Schild **Die Grüne Insel** ④**.** Hier stand einstmals ein Wald der evangelischen Kirchengemeinde Breckerfeld, der 2007 durch den Orkan Kyrill zerstört wurde. Die Schülerinnen

*Das **Café Restaurant Plessen** liegt an der einstigen Bahnhaltestelle, die noch heute Ausgangspunkt für den etwa 5 Kilometer langen Rundweg um die Hasper Talsperre ist. Unter dem Motto „Gastlichkeit aus Leidenschaft“ bietet es hausgemachte Speisen und Kuchen aus eigener Herstellung.*

und Schüler der St. Jacobus-Schule Breckerfeld pflanzten einen neuen Wald, sodass jetzt ein artenreiches Biotop mit vielen Tierarten und heimischen Ebereschen entstanden ist.

Im Ortsteil **Delle** folgen wir **ENR** und **KP 14.** Wir fahren rechts in die Grünstraße und erreichen den **Brenscheider Weg,** auf dem wir rechts bis zur **Kleinbahnstraße** fahren, in die wir nach links einbiegen. Sie bringt uns abseits der Hauptstraße nach **Brauck** und dann auf die **L 528 (Frankfurter Straße).** Wir folgen dieser rechts bis zum Kreisel in Breckerfeld, in dessen Mitte ein interessanter großer Stein steht. Er weist uns auf den Jakobsweg nach Santiago de Compostela in Spanien hin, der hier mitten durch den Ortskern führt. Er verläuft über eine alte Handelsroute, auf der einst Kaufleute und Pilger nach Frankfurt oder Köln unterwegs waren. Links und rechts der alten Handelsstraße, im historischen Ortszentrum, befindet sich „Jakobus im Doppelpack": Sowohl die evangelische als auch die katholische Kirche sind dem heiligen Jakobus geweiht.

*Der **Breckerfelder Kurzdolch** war berühmt und begehrt. Als Messer wurde er oft veredelt und von den Kaufleuten, die ganz Europa bereisten, an hochstehende Persönlichkeiten verliehen.*

Bei der Weiterfahrt Richtung Stadtmitte lädt rechts das **Ristorante Pizzeria Mamma mia** 5 zu einer Einkehr ein; kurz dahinter auf der linken Seite an der Denkmalstraße steht das Denkmal **Breckerfelder Kurzdolch** 6.

Wir kehren zum Kreisel zurück und gelangen an der dritten Ausfahrt über den Westring halb rechts in die **Steinbachstraße.** Ab hier orientieren wir uns an dem Radwegschild **EN 7.** Die genussvolle Abfahrt durchs romantische Steinbachtal können wir gern mehrmals unterbrechen, weil es sich lohnt, einen längeren Blick ohne Risiko zu wagen.

In **Siepen** erreichen wir die **L 699,** in die wir rechts einbiegen und nach 100 Metern den **Landgasthof Burgermühle** 7 sehen. Er bietet Kaffee, Kuchen und klassische Landhausküche, einen Gastraum mit Kamin, ein rustikales, ländliches Ambiente und eine schöne Terrasse.

Breckerfelder Kurzdolch

Blick ins Steinbachtal

Ab Burg orientieren wir uns wieder am Radwegschild **ENR** und fahren erst mal 7 Kilometer an der Ennepe entlang. Durch das Naturschutzgebiet Tal der Ennepe und über Ennepetal, Gevelsberg und Hagen-Haspe fließt sie in die Volme, die kurz danach in die Ruhr mündet. Im vorindustriellen Zeitalter entstanden entlang des Flusses Mühlen, Hammerwerke und Sensenschmieden. Darauf baute die märkische Kleineisenindustrie des 19. und 20. Jahrhunderts auf. Gegen Anfang des 20. Jahrhunderts befanden sich entlang des Laufes der Ennepe rund 300 Kleinbetriebe, deren wichtigste Antriebsenergie die Wasserkraft war.

Das nächste Ortsschild, das uns begegnet, weist uns auf **Peddenöde** hin. Der Name bedeutet „sumpfiges Tal". Trotz des feuchten Untergrundes siedelten sich hier schon früh Menschen an. Heute befindet sich an diesem Ort das Hauptwerk der **Firma Alfred Thun** ⑧.

Die Namen Schöntal, Grüntal und Morgensonne, wie die Häuser links von uns heißen, sind Hinweise auf die landschaftliche Schönheit des Ennepetals. „Hammer" im Namen dagegen verweist auf den frü-

!

*Seit beinahe 100 Jahren produziert die **Firma Thun** als letzter europäischer Hersteller Komponenten für Fahrräder, insbesondere Antriebsteile wie Tretlager sowie Sensortechnologie für Pedelecs und E-Mountainbikes. Sie versorgt damit weltweit Fahrradhersteller.*

heren Broterwerb der Menschen. Der **Ahlhauser Hammer** ⑨ ist dafür ein sehr schönes Beispiel. Nicht weit entfernt Richtung Ennepetal befindet sich auf der linken Seite **Platsch Badespaß** ⑩ mit Bistro. Das Freibad mit biologischer Wasseraufbereitung und feinem Sandstrand wird durch Wasser der Ennepe gespeist, das sehr gut verträglich ist. Es wird durch Pflanzen und mineralische Bodenfilter gereinigt – nur die Natur selbst sorgt für Wasserqualität erster Klasse.

Direkt hinter dem Bad geht es links in die **Hülsenbecke.** Die Siedlungsstätte wurde 1314 mit dem namentlich bekannten Besitzer Servatius Hülsenbecke zum ersten Mal erwähnt. Wer einkehren möchte, gelangt auf diesem Weg zum **Café und Restaurant Hülsenbecke** ⑪**.** Das Gebäude diente ursprünglich als Remise für Pferde und Kutschen.

Alle anderen fahren geradeaus auf der **Mittelstraße** weiter zur **Milsper Straße.** In diese biegen wir links ein, um sie vor der nächsten Linkskurve wieder zu verlassen und halb rechts der **Höhlenstraße** zu folgen. Der Name verweist schon auf die nächste Attraktion am Wegesrand, die **Kluterthöhle** ⑫**.**

Café und Restaurant Hülsenbecke

Die Brücke über die Ennepe kurz vor der Höhle bringt uns weg vom Radwegeschild ENR und führt zum **Haus Ennepetal.** Im Gebäude gibt es links neben der Treppe eine Abfahrtmöglichkeit. Anschließend halten wir uns links, um auf die **Gasstraße** zu kommen. Sofort danach am Kreisel geht es rechts in die **Voerder Straße** und die Fußgängerzone. Hier gibt es vielfältige Möglichkeiten zur Einkehr und für Pausen. An der nächsten großen Kreuzung fahren wir geradeaus in die **Friedrichstraße,** die zur **Kölner Straße** führt.

ÖPNV-Benutzer haben hier die Möglichkeit zu einer **Abkürzung** der Tour um 10 Kilometer: Sie überqueren die Kölner Straße und fahren halb rechts in die **Bahnhofstraße,** die uns nach gut 300 Metern zum **Bahnhof Ennepetal** bringt. Wer mag, steigt hier in den RE 4, RE 7 oder RE 13 und umgeht so die Fahrt durch das Stadtgebiet von Gevelsberg.

*Die **Kluterthöhle** entstand durch Auslaugung aus Riffkalk, der sich vor 370 Millionen Jahren im Meer bildete. Die Temperatur liegt konstant bei 10 °C. Für Teilnahme an den Führungen „Fossilienreisen", „Zeitreisen" oder „Erlebnistouren" bitte unbedingt vorher Kontakt aufnehmen!*

Alle anderen fahren von der Friedrichstraße aus nach rechts in die **Kölner Straße** und folgen wieder dem **ENR-**Schild. Die Kölner Straße ist später auf der linken Seite mit einem Radweg bestückt und endet an einer Stelle, wo die Hagener Straße halb rechts und die **Mittelstraße** links abzweigen. Wir richten uns weiter nach der ENR-Wegweisung, fahren in die Mittelstraße und sofort rechts in die **Mühlenstraße,** die wir an der **Jahnstraße** nach links verlassen. Hinter der Brücke über die Ennepe biegen wir rechts auf den ENR-Radweg ab und folgen dem Fluss und dem Radwegschild etwa 6 Kilometer durch Gevelsberg bis zur Querstraße **An der Kohlenbahn.** Hier verlassen wir den ENR-Weg und biegen links ein, unterqueren die Enneper Straße, kommen auf die **Grundschötteler Straße** und überqueren die Ennepe. Wir fahren unter der Bahn durch und sofort rechts auf den Radweg **R 14 (Preselweg).** Am Ende des Preselwegs fahren wir über **Schwarzer Weg,** dann an **Büddinghardt** rechts und erreichen an der **Tillmannsstraße** nach links wieder unseren Startpunkt **Am Hasper Bahnhof.**

Kluterthöhle

226
54
Volme
Hagen
234
1
Ennepe
DB
Haspe
P
Voerder Straße
Hagener Straße
Hasperbach
Gevelsberg
Hagener Straße
Hagener Straße
Hasper Bach
1
2
3
DB
12
Loher Straße
Breckerfelder Straße
Oberbauer
Ennepetal
11
10
9
4
Behlinger Weg
Ennepe
8
Königsheide
Rüggeberg
7
Steinbachstraße
5
6
Breckerfeld
483

Entspannungsfaktor ★★★☆☆
Genussfaktor ★★★★☆
Romantikfaktor ★★★★☆

WIE & WANN:
Radstreifen auf Straßen, asphaltierte Wege sowie befestigte Wald- und Feldwege; beste Radelzeit März bis November; im ersten Drittel ständig leicht ansteigende Strecke

HIN & WEG:
Auto: P + R Heubing, Am Hasper Bahnhof, 58135 Hagen (GPS: 51.35167, 7.42222
ÖPNV: S 8 bis Hagen-Heubing

ESSEN & ENTSPANNEN:
Café Restaurant Plessen ❸ Talsperrenweg 114, 58256 Ennepetal, Tel. (0 23 33) 35 33, www.restaurant-plessen.de (Fr.–Mi. 11.30–20.30 Uhr)
Ristorante Pizzeria Mamma mia ❺ Frankfurter Straße 89, 58339 Breckerfeld, Tel. (0 23 38) 5 07 (Di.–So. 12–14.30 und 18–22.30, Sa. 18–22.30 Uhr)
Landgasthof Burgermühle ❼ Burg 27, 58256 Ennepetal, Tel. (0 23 33) 6 08 58 50, www.landgasthof-burgermuehle.de (Mi.–So. 11.30–22 Uhr)
Café und Restaurant Hülsenbecke ⓫ Hülsenbecke 36, 58256 Ennepetal, Tel. (0 23 33) 97 47 91, www.restaurant-huelsenbecke1.jimdo.com (Mi.–Sa. 11.30–21, So. 11.30–20 Uhr)

ENTDECKEN & ERLEBEN:
Plessen-Viadukt ❶
Hasper Talsperre ❷
Die Grüne Insel ❹
Denkmal Breckerfelder Kurzdolch ❻
Firma Alfred Thun ❽ Peddenöde 6, 58256 Ennepetal
Ahlhauser Hammer ❾ Ahlhauser Hammer 1, 58256 Ennepetal
Platsch Badespaß ❿ mit Bistro, Mittelstraße 108, 58256 Ennepetal, Tel. (0 23 33) 60 44 00, www.platsch-en.de
Kluterthöhle ⓬ Gasstraße 10, 58256 Ennepetal, Tel. (0 23 33) 98 80 11, www.kluterthoehle.de

- 46 Kilometer
- 540 Höhenmeter
- 5 Stunden
- Rundtour

Panoramablick mit Pferden

Bergische Weitblicke

Engelskirchen-Lindlar-Runde

Bei dieser Tour durchs Bergische Land werden wir immer wieder fasziniert innehalten und den Ausblick genießen. Grüne Hügel mit Wäldern und Feldern, dazwischen tiefe Täler mit Flüssen sowie zahlreiche kleine Dörfer und Weiler: Die Aussichten entschädigen uns reichlich für die Anstrengungen, mit der Radler ohne Motorunterstützung rechnen müssen.

Um Fahrradbegeisterten auch die Anfahrt mit der Bahn zu ermöglichen, starten wir am **Bahnhof Engelskirchen.** Die Stadt wurde erstmals im Jahr 1353 als Engellerskerken erwähnt.

Von der Straße **An der Post** biegen wir links ab in die **Märkische Straße (L 136),** der wir auf dem Radstreifen folgen. Sie geht in die **Bergische Straße** über. Immer parallel zur Agger gelangen wir in die Straße **Albertsthal** und die **Overather Straße.** Vor einer Brücke über die Agger biegen wir rechts ab in den **Staadter Weg,** der später **Staadt** heißt. Bei der nächsten Möglichkeit überqueren wir links die Agger und erreichen **Am Weidenbach,** wo wir wieder auf die **L 136** gelangen. Ihr folgen wir nach rechts, queren gleich noch einmal die Agger und erreichen nach kurzer Zeit **Unterstaat,** wo wir scharf rechts abbiegen.

Ein knapp 2 Kilometer langer Anstieg bringt uns über **Oberstaat** und **Kleuelshöhe** zur Straße **Hohbusch,** in die wir halb links abbiegen. Nach kurzer Zeit steht rechts ein Gedenkstein des Heimatvereins Hohkeppel. Er erinnert an die Heidenstraße, einen jahrhundertealten Heer- und Handelsweg von Leipzig nach Köln. 500 Meter weiter sehen wir links das **Haus Weißen Pferdchen.** ❶ Gegenüber lädt eine Sitzgruppe zum Ver-

„Dies Haus stehet in Gottes Hand. Im weissen Pfert ist es genandt. Anno 1612", verrät die Inschrift an einem der ältesten Gebäude im Oberbergischen Kreis. Heute kann man das von Freiwilligen sanierte ***Haus Weißen Pferdchen*** *für Feste und Seminare mieten. Für Hochzeiten steht ein stilvolles Trauzimmer zur Verfügung.*

weilen ein. Von der Infotafel nebenan können wir uns den Text des „Bergischen Heimatliedes" vorlesen oder vielleicht sogar vorsingen lassen. Hier beginnt nämlich der 4 Kilometer lange Liederweg Hohkeppel.

Geradeaus fahren wir am Restaurant **Hohkeppeler Hof** ❷ vorbei – oder legen dort eine Rast ein – und folgen der **L 84.** Hinter **Hufenstuhl** biegen wir scharf rechts ein nach **Leffelsend** – so heißt die Straße und auch der nächste Ort. Geradeaus geht es durch die kleine Ortschaft nach **Brodhausen** und dann auf einer Brücke über die Sülz. Dahinter biegen wir rechts auf die **L 284** ab.

Dieser Straße folgen wir auch in **Melessen,** wo sie einen Linksknick Richtung **Brombach** macht, fahren am Rand von Brombach entlang und am **Hotel Zur Eiche/Re-**

Schloss Georghausen

Für die Seele

Die Seele aus der Enge des Alltags hinausführen. Nach Anstiegen und Abfahrten gönnen wir uns immer wieder Weitblicke ins Bergische Land und herrliche Urlaubsmomente.

staurant Mythos ❸ vorbei. Auch wenn wir überwiegend auf dem gesicherten Radweg fahren konnten, ist es eine Wohltat, den schnell fahrenden Autos zu entfliehen, indem wir die L 284 nach rechts verlassen und in die Straße **Unter-Bilstein** einbiegen. Ein befestigter Waldweg führt bis **Schloss Georghausen** ❹**,** wo sich ein Aufenthalt mit oder ohne Einkehr lohnt. Die Anlage stammt aus dem 14. Jahrhundert. Sie entwickelte sich aus einem Gutshof und wurde im Jahr 1449 erstmals urkundlich erwähnt.

Links hinunter fahren wir auf der Straße **Georghausen** geradeaus. Kurz vor einer Rechtskurve weist ein Infoschild auf die frühere Sülztalbahn hin. Ein Waldweg bringt uns rechts auf die ehemalige Bahntrasse. Wir befahren die Trasse über **Welzen** und die **Hommericher Straße,** biegen an **Ebbinghausen** kurz rechts ab und folgen ihr sofort wieder links. Nachdem wir die **Lindlarer Sülz** und die **L 284** überquert haben, fahren wir den schönen Bahntrassenradweg Sülzbachtal entlang. Die Weiden und Felder des Tals liegen uns zu Füßen, bis uns ein Schild links zum ehemaligen **Bahnhof Linde** ❺ lockt, an dem eine alte Dampflok aufgestellt ist.

Der Bahnhof war besonders für den Abtransport der Grauwackesteine wichtig, die hier abgebaut wurden. Dazu hatte man aus den Steinbrüchen eine Bremsbahn den Abhang hinunter gebaut, die in der Nähe der Bahnhofsgebäude endete. Grauwacke war stets für Pflaster-, aber auch Grabsteine gefragt. Heute ist das Bahnhofsgelände privat und die alte Lok ein Sammlerstück.

Luigis Café/Restaurant im Schloss Georghausen *bietet Speisen aus frischen saisonalen Produkten. Auf der Sonnenterrasse oder im Restaurant kann man sich ein Gläschen Wein mit Käse, hausgemachten Kuchen oder ein festliches Menü schmecken lassen.*

Eisenbahnviadukt Linde

Bei der Weiterfahrt auf der Trasse erreichen wir schon bald den **Eisenbahnviadukt Linde** ❻, der seit 2013 als Teil des Rad- und Wanderwegs zur Verfügung steht. Vielleicht können wir Kletterer beobachten, wie sie versuchen, den Viadukt mit bloßen Händen zu erklimmen, nur für den Notfall mit Seilen abgesichert. Als Radfahrer aber haben wir das auf dem perfekt gesicherten Viadukt zum Glück nicht nötig.

Am Ende der Bahntrasse Sülzbachtal in **Lindlar** halten wir uns zweimal links und fahren über die **Lindenallee** und die **Rheinstraße** bis zu einem Kreisel. Hier nehmen wir die erste Ausfahrt auf die L 129 (Königsberger Straße) und folgen dieser, bis es wieder rechts abgeht auf die **L 299 (Kölner Straße).** Die zweite Straße links führt uns über **Heiligenhoven** direkt links von uns zum **Freizeitpark Lindlar** mit Spielplatz ❼ oder etwas weiter zum **Schlosspark** und zum **Schloss Heiligenhoven.**

Der öffentlich zugängliche Schlosspark von Schloss Heiligenhoven wurde um 1800 im Stil englischer Landschaftsparks angelegt. In dem reizvoll gelegenen Park befinden sich ein Weiher und einige sehr alte Bäume.

Fahren wir weiter, liegt rechts von uns das **LVR-Freilichtmuseum Lindlar** 8. Das 25 Hektar große Museumsgelände wird größtenteils nach historischem Vorbild mit Pferd und Pflug bewirtschaftet. Die meisten Museumsgebäude – Bauernhöfe, Wohnhäuser, Werkstätten – sind detailgetreu in das Museum versetzt worden. So manche werden sich wundern, hier plötzlich ein Haus aus dem eigenen Heimatort wiederzuentdecken.

Für 1,5 Kilometer folgen wir der **L299** ohne straßenbegleitenden Radweg. In **Klespe** biegen wir links ab und haben jetzt einen Anstieg Richtung Wüstenhof vor uns. Der weite Blick über das Land auf der Höhe lässt uns das Herz aufgehen und die Anstrengung vergessen. Über **Hohbusch** erreichen wir wieder die **Kleuelshöhe,** an der es links auf dem schon bekannten Weg in Richtung **Oberstaat, Unterstaat** und **Engelskirchen** geht.

*Das **LVR-Freilichtmuseum Lindlar** hat in seinem Jahresprogramm immer wieder besondere Veranstaltungen wie Brezeltag, „Jrön un Jedön" für Gartenliebhaber, Bauernmarkt, Tuchmarkt, Obstwiesenfest oder „PS & Pedale". Man erfährt hautnah, wie die Menschen auf dem Land lebten.*

LVR-Freilichtmuseum Lindlar-Haus Hilden

In **Oberstaat** können wir rechts zum **Waldcafé Bergische Schweiz** ⑨ abbiegen und dort eine Rast einlegen.

Bei der Ankunft im Tal folgen wir weiterhin der Route vom Hinweg, biegen an der **L 136 (Kölner Straße)** links ab und erreichen nach Überquerung der Agger auf der rechten Seite **Schloss Ehreshoven** ⑩. Es hat einen großen Innenhof sowie einen herrschaftlichen Schlossgarten und steht für Trauungen, Geburtstage, Firmenevents, Galadinner, Poolpartys und andere Veranstaltungen zur Verfügung.

Zur Weiterfahrt Richtung Engelskirchen-Zentrum nehmen wir die erste Straße links, **Am Weidenbach,** und fahren die gleiche Strecke zurück wie bei der Hinfahrt. Dabei bleiben wir auf der für Fahrräder freigegebenen linken Straßenseite.

Erst in der **Märkischen Straße** biegen wir nicht rechts ab zum Bahnhof, sondern fahren geradeaus weiter. Auf der rechten Seite liegt das **La Gala.rie Künstlercafé** ⑪ mit besonderem Ambiente, das tatsächlich von Künstlern betrieben wird.

Etwas weiter dahinter ist auf der gleichen Seite die Einfahrt **Engels-Platz.** Hier finden wir das **Kraftwerk Ermen & Engels** ⑫, heute Zweigstelle des LVR-Industriemuseums. Dieses imposante Wasserkraftwerk, eines der ersten Elektrizitätswerke der Region, versorgte mit seinen mächtigen Turbinen seit etwa 1900 die Fabrik und den Ort mit Energie. Der Gebäudekomplex war ehemals eine Baumwollspinnerei, gegründet von Friedrich Engels senior, dem Vater des Weggefährten von Karl Marx. 1837 erwarb Engels das ehemalige Hammerwerk in Engelskirchen mit dem Recht, das Wasser der Agger zu gewerblichen Zwecken zu nutzen.

Auf dem **Engels-Platz** finden wir auch ein **Engel-Museum** ⑬, das vom Engelverein betrieben wird und rund 15.000 verschiedene Engel unterschiedlichster Epochen und Darstellungsvarianten zeigt, von Kitsch bis Kunst. Die Sammlung ist offiziell im „Guinnessbuch der Rekorde" als größte Engelsammlung der Welt eingetragen. Um zum Bahnhof zu kommen, fahren wir auf der **Märkischen Straße** wieder links zurück und biegen in die erste oder zweite Straße links ein. Hier beenden wir die Tour „Bergische Weitblicke", die uns auch zahlreiche Möglichkeiten für „Bergische Rückblicke" gegeben hat – im Sinne von Blicken in die Geschichte.

*Das Besondere am **La Gala.rie Künstlercafé** ist seine kontaktfreudige Atmosphäre. Geboten wird ein reichhaltiges Frühstücksangebot sowie hausgemachte Kuchen. Außerdem gibt es Veranstaltungen mit Livemusik, Vorträgen und Lesungen. Nach Voranmeldung ist ein Besuch der Galerie möglich.*

Engel-Museum

Lindlar
Linde
Kürtener Sülz
Kölner Straße
Heiligenhoven
Lindlarer Sülz
Hommerich
Offermannsheide
Sülz
L 284
Schmitzhöhe
Engelskirchen
Horpestraße
DB
P
Grünscheid
Overather Straße
Hohkeppel
Frielinghausen
Hohbusch
Laurentiusstraße
Am Brombacher Berg
Brombach
L 299
Agger
Ehreshoven
Loope
4
Vilkerath
Immekeppel

Entspannungsfaktor ★★★☆☆
Genussfaktor ★★★★☆
Romantikfaktor ★★★★☆

WIE & WANN:
Überwiegend asphaltierte oder wassergebundene Straßen und Wege; beste Radelzeit April bis Oktober; für Gelegenheitsradler empfiehlt sich ein Pedelec

HIN & WEG:
Auto: P + R Engelskirchen, An der Post 2, 51766 Engelskirchen (GPS: 50.98562, 7.40860) oder Parkplatz nahe Museum Kraftwerk Ermen & Engels, Engels-Platz 8, 51766 Engelskirchen
ÖPNV: RB 25 bis Engelskirchen

ESSEN & ENTSPANNEN:
Hohkeppeler Hof ❷ Laurentiusstraße 29, 51789 Lindlar, Tel. (0 22 06) 91 02 22, www.hohkeppeler-hof.de (Di.–Sa. 11–15 und 17–23, So. 11–23 Uhr)
Hotel Zur Eiche/Restaurant Mythos ❸ Dorfstraße 1, 51491 Overath-Brombach, Tel. (0 22 07) 75 80, www.zur-eiche-overath.de (Mo.–Sa. 17–23.30, So. 12–22 Uhr)
Luigis Café/Restaurant im Schloss Georghausen ❹ Georghausen 8, 51789 Lindlar-Hommerich, Tel. (0 22 07) 78 33, www.golfclub-schloss-georghausen.de/restaurant-im-schloss-georghausen (Di.–Sa. 11–22, So. 9–22 Uhr)
Waldcafé Bergische Schweiz ❾ Oberstaat 25, 51766 Engelskirchen, Tel. (0 22 63) 24 78, www. bergische-schweiz.de (Di.–So. 9–21 Uhr)
La Gala.rie Künstlercafé ⓫ Märkische Straße 22 a, 51766 Engelskirchen, Tel. (0 15 90) 5 24 28 79, www.la-gala-rie-kuenstlercafe.de (Mi.–Mo. 10–18 Uhr)

ENTDECKEN & ERLEBEN:
Haus Weißen Pferdchen ❶ **Schloss Georghausen** ❹ siehe ESSEN & ENTSPANNEN **Bahnhof Linde** ❺ **mit alter Lok Eisenbahnviadukt Linde** ❻ **Freizeitpark und Schlosspark Lindlar** ❼ Kölner Straße, 51789 Lindlar, Tel. (0 22 66) 9 64 07, www.lindlar.de
LVR-Freilichtmuseum Lindlar ❽ Unterheiligenhoven 5, 51789 Lindlar, Tel. (0 22 66) 90 10-2 00, www.freilichtmuseum-lindlar.lvr.de (Di.–So. 10–16, März bis Okt. bis 18 Uhr) **Schloss Ehreshoven** ❿ Ehreshoven 23, 51766 Engelskirchen, Tel. (0 22 63) 30 21, www.stift-ehreshoven.de **Kraftwerk Ermen & Engels** ⓬ Engels-Platz 2, 51766 Engelskirchen, Tel. (0 22 34) 9 92 15 55 (Di.–Fr. 10–17, Sa./So.11–18 Uhr)
Engel-Museum Engelskirchen ⓭ Engels-Platz 7, 51766 Engelskirchen, Tel. (0 22 63) 9 52 58 85, www.engel-museum.de (Di., Mi. 10–13, Do., So. 14–17 Uhr)

- 49 Kilometer
- 770 Höhenmeter
- 5 Stunden
- Rundtour

Pulvermuseum

Bergisch bergig

Marienheide, Wipperfürth & Lindlar

Egal, ob das Bergische Land oder die „bergige" Landschaft im Vordergrund steht: Alle Radler werden sich einig sein, dass die Tour vielfältige und bleibende Eindrücke für sie bereithält.

Wir starten am Bahnhof Marienheide, von wo aus wir 12 Kilometer lang auf dem Radweg **Wasserquintett** fahren, wie die Trasse der ehemaligen Wippertalbahn auch genannt wird. Vom Bahnhof aus geht es sofort rechts auf die Trasse und nach Überquerung der **Hauptstraße** aus dem Ort heraus.

Nach knapp 5 Kilometern erreichen wir in Ohl die **Dohrgauler Straße.** In diese biegen wir rechts ein, um nach Überquerung der Marienheider Straße auf der linken Straßenseite zum **Pulvermuseum Villa Ohl** ❶ zu kommen.

Nach der Rückkehr in die Dohrgauler Straße finden wir auf der rechten Seite etwas versetzt die Fortsetzung unseres Radwegs Richtung Wipperfürth. Unterwegs wechselt dort, wo von Norden her die Kerspe in die Wipper mündet, der Fluss seinen Namen und wird zur Wupper. Etwas später erreichen wir eine Infotafel zu einem **Festen Wehr** ❷ am Fluss. Feste Wehre sind nicht regulierbar, die Wasserstände oberhalb der Anlage unterliegen entsprechend dem Zufluss größeren Schwankungen. Ihr Vorteil liegt in der einfachen Bauweise und dem Wegfall von Bedienungselementen.

Ein „Au(g)enblick" auf der rechten Seite der Trasse kurz vor Wipperfürth bietet uns ein „Bilderrahmen", um die Natur genauer anzusehen.

!

In den ehemaligen Wohnräumen einer Fabrikantenvilla berichtet die Ausstellung des ***Pulvermuseums Villa Ohl*** *über Pulverfabrikation. Historische Aufnahmen vermitteln einen Eindruck vom Produktionsprozess. Unter anderem ist das Modell eines Pulverwagens ausgestellt.*

Wir erreichen das Schild **Wupperbalkone** auf der rechten Seite, das uns den Weg zum Stauweiher weist, und nach wenigen Metern das Naturschutzgebiet Leiersmühle am Wipperfürther Stauweiher. Dort stoßen wir auf die Wupper-Wehranlage und die benachbarte **Vogelbeobachtungsstation ❸.** Das Wasser des etwa 33.000 Quadratmeter großen Stauweihers wurde früher zur Energieerzeugung genutzt.

*In der **Vogelbeobachtungsstation** kann man aus einer geschützten Hütte heraus mit dem Fernrohr Wasservögel beobachten. Mit etwas Glück sieht man das Haubentaucherweibchen samt Nachwuchs in seinem schwimmenden Nest. Es wartet auf Futter, das das Männchen aus bis zu 40 Meter Tiefe heraufholt.*

Nach Weiterfahrt auf der Trasse kommen wir zur **Basisstation Wasserquintett ❹.** Im Obergeschoss finden wir diverses für Radler interessantes Informationsmaterial, etwa Rad- und Wanderkarten sowie Tourenvorschläge. Außerdem gibt es eine multimediale Ausstellung über die Kulturlandschaft an Wipper/Wupper. Bänke laden zur Rast ein, und es besteht die Möglichkeit, das E-Bike aufzuladen. Von der Terrasse aus lohnt sich ein Blick in die Wupperaue und über das beliebte Freizeitareal.

Wem der Sinn nach einem Gaumengenuss steht, braucht sich nicht mehr lange zu gedulden. Nach Überqueren der Wupper-Brücke biegen wir links in die **Wupperstraße** ein. Am Ende des Parkplatzes fahren

Für die Seele

Viele frei laufende Tiere auf Wiesen und Höfen: Balsam für die Seele der radelnden Tierfreunde. Nach erfolgreichem Aufstieg bringt die Abfahrt eine erfrischende Brise.

wir links in die **Gartenstraße** und, nachdem wir erneut die Wupper überquert haben, rechts in die **Lüdenscheider Straße.** Diese geht über in die **Untere Straße,** von der wir links abbiegen in die **Dr.-Eugen-Kersting-Straße.** Wir sind im historischen Zentrum von Wipperfürth (siehe Tour 6, S. 75) Die zweite Straße links ist die Marktstraße und bringt uns zum **Lenz Cafe & Deli** ❺ sowie zum **Restaurant Altes Amtsgericht** ❻**.**

Am Ende der Marktstraße überqueren wir den **Marktplatz** und fahren rechts die **Gaulstraße** hoch. Rechts ab geht es in die **Ringstraße** und bei der zweiten Möglichkeit links in die **Siegburger-Tor-Straße.** Dort, wo sie einen scharfen Rechtsknick macht, fahren wir geradeaus in die Straße **Münte.** An der nächsten Abzweigung halten wir uns links und klettern nach **Wegerhof.** Oben angelangt, wird es Zeit für einen ausgiebigen Blick übers Bergische Land. Danach ist es immer noch früh genug, dass wir unsere Fahrt nach **Klespe** fortsetzen. Wir halten uns hier links und fahren vorbei an **Hermesberg** und **Bergesbirken** bis nach **Thier,** wo uns eine weitere Entdeckung erwartet.

Wenn wir nach links in die **Johann-Wilhelm-Roth-Straße** einbiegen, sehen wir auf der linken Seite den **Dorfladen Thier** ❼**.**

Gegenüber der Kirche schwenken wir nach links ein in **Kapellenberg,** halten uns links und an einem Teich rechts, wodurch wir die **K 18** erreichen. Ihr folgen wir ein kurzes Stück nach links. Bei der zweiten Möglichkeit geht es rechts und dann links bis nach **Buchholz.** Dort fahren wir zweimal rechts und sind auf

Im ***Lenz Café & Deli*** *gibt es Kaffee, herzhaft belegte Brote und Brötchen, buttrige Croissants, selbst gebackenen Kuchen wie bei Oma sowie frische Deli-Creme. Besonders beliebt sind auch die selbst gemachten traditionellen Suppen und Eintöpfe.*

2013 errichteten die Thierer ein Dorfzentrum in der Rechtsform einer Genossenschaft. Zahlreiche Bürgerinnen und Bürger sind so Miteigentümer des ***Dorfladens Thier*** *mit Café und Außenterrasse sowie Gemeinschaftsräumen geworden.*

dem Weg nach **Oberbüschem.** Geradeaus erreichen wir noch vor dem Dorf eine Abzweigung und fahren links an ihm vorbei. In **Bonnersüng** geht es links in die **Kirchstraße** und in **Kapellensüng** in einem Bogen links um die Kirche herum in die Straße **Lindenfeld**. Wir folgen ihr durch **Hammen** und **Schlüsselberg** und erreichen in **Heibach** die Straße **Steinbach,** in die wir links einbiegen. Jetzt überqueren wir die L 284 und fahren am Denkmal „Willkommen im ‚steinreichen' Lindlar" vorbei auf der Straße **Altenlinde** durch **Gestein** bis **Lindlar.**

Um uns etwas mit dem steinreichen Lindlar zu beschäftigen, können wir hinter einer Wiese mit vielen frei laufenden Hühnern links abbiegen in die **Brungerststraße.** Zum Ausstellungsgelände des **Grauwacke-Steinbruchs** ❽ geht es links den Berg hoch.

Seit rund 100 Jahren wird hier die oberbergische Grauwacke abgebaut. Da dieser Stein gegen Frost und Witterungseinflüsse ziemlich unempfindlich ist, wird er von der Bauwirtschaft sehr geschätzt und unter anderem für Pflastersteine und als Schotter für Eisenbahnlinien verwendet.

Rund 390 Millionen Jahre alt sind die Fossilienfunde, die in den Steinbrüchen freigelegt wurden: Versteinerungen von Urfarnen, die bereits Wälder bildeten. An heißen Sommertagen mag die Vorstellung gar nicht so abwegig scheinen: Vor langer, langer Zeit lag Lindlar an einem warmen, tropischen Meer. Der Wald aus Farnen wurde möglicherweise durch eine Flutwelle ins Wasser gespült. Heute zeugen nur noch die steinernen Relikte von dieser Zeit.

Wir fahren den Berg wieder hinunter und biegen links in die **Bahnhofstraße** ein, die in die **Eichenhofstraße** übergeht. Ihr folgen wir, bis wir rechts das **Café im Fachwerkhaus** ❾ und links das **Restaurant Lindenhof** ❿ erreichen. Das Restaurant befindet sich bereits in der **Hauptstraße,** in der wir kurz rechts fahren und sofort hinter der Kirche links in **Kirchplatz** einbiegen.

Noch vor der großen Dr.-Meinerzhagen-Straße fahren wir links über einen Parkplatz und finden auf

Grauwacke Steinbruch-Ausstellung

Steenkühler-Brunnen

der linken Seite den **Steenkühler-Brunnen** ⑪. Hier können wir uns Zeit nehmen, um die Brunnenfiguren zu bestaunen, uns zu informieren oder auch Proviant für den Rest der Tour einzukaufen.

Über **Am Marktplatz** kommen wir zur **Mühlenseite,** einer Einbahnstraße, die in Gegenrichtung noch nicht für Radfahrer freigegeben wurde. Also schieben wir das kurze Stück nach links bis zur **Hauptstraße,** biegen hier rechts ab und fahren an der T-Kreuzung links in die **Borromäusstraße.** Gegenüber von **Am Brunnenberg** führt uns ein Radweg rechts bis **Vorderrübach.** Wir fahren ungefähr geradeaus durch den Ort und dann bis zur Straße **Hinterrübach.** Hier biegen wir links ab und erreichen die Ortschaft Holl. Im Ort geht es rechts und weiter bis zur Straße **Am Dimberg,** in die wir links einbiegen.

In **Frielingsdorf** fahren wir an der **Ommerbornstraße** rechts und im Kreisverkehr an der dritten Ausfahrt

!

„Steenkühler" kommt von Steinkuhle, einem alten Wort für Steinbruch. Am ***Steenkühler-Brunnen*** *beginnt der 6,2 Kilometer lange Steinhauerpfad. Mit Informationstafeln und Audiostationen bringt er uns die Welt der Steinräumer, Steinstößer und Steinkipper nahe.*

Runter ins Tal

auf die **L 302 (Montanusstraße).** Über die erste Straße rechts, die **Jan-Wellem-Straße,** die zur **Eibachstraße** wird, biegen wir im Ort **Scheel** rechts ab in die **Kurfürstenstraße.** Letztere geht über in die **Dassiefener Straße** und bringt uns durch den gleichnamigen Ort, wo wir uns rechts halten, und später über die Leppe. Hinter der Brücke über den Fluss biegen wir links ab in die **L 97 (Oberleppe)** und folgen ihr bis zu einem Rechtsbogen. Dort schwenken wir links in die **Schlossstraße,** die uns zu **Schloss Gimborn ⑫** führt – wahrhaftig ein romantisches Märchenschloss, nicht nur aufgrund seiner Architektur, sondern auch wegen seiner schönen Lage in einem idyllischen Tal.

Schloss Gimborn ist das einzige Schloss im Oberbergischen Kreis, das von seinem adligen Besitzer noch bewohnt wird. Seit 1970 beherbergt es außerdem das IBZ, das Informations- und Bildungszentrum der International Police Association, einer internationalen Vereinigung von Polizeibediensteten.

Schloss Gimborn

Nicht nur das Schloss, auch die jetzt folgende Strecke könnte landschaftlich gesehen einem Märchen entstammen, auch wenn wir kräftig in die Pedale treten müssen. Unser Weg führt zwischen Hotel und Schloss über die **Schlossstraße** geradeaus nach Dürhölzen. Konnten wir eben noch bergab rollen, zwingt uns jetzt die **Dürhölzener Straße** wieder zu einer Bergfahrt. Wir biegen an der folgenden T-Kreuzung rechts ab in die **Hauerbergstraße** und treffen in **Marienheide** an einer Kreuzung auf die **Scharder Straße.** Ihr folgen wir nach rechts bis zur Ortsmitte, biegen links in die **Leppestraße** und sofort rechts in die **Hauptstraße** ein.

Wer sich vor der Rückfahrt noch entspannen möchte, macht noch einen kleinen Abstecher und fährt in die nächste Straße rechts, die **Landwehrstraße.** Ihr folgt er etwa 400 Meter. Links liegt der **Kurpark Heilteich ⑬,** an dem wir den Tag Revue passieren lassen können. Von der Hauptstraße bringt uns der **Kleinbahnweg** – ein passender Name – rechts ganz schnell zum Bahnhof Marienheide.

Bevertalsperre
Neyetalsperre
Kerspetalsperre
Wupper
Neye
Wipperfürth
237
237n
506
237
256
Niederwipper
Lendringhausen
Altensturmberg
Ohl
Gogarten
Marienheide
Oberwette
DB
P
Leppestraße
Klespe
Thier
Dür-
hölzen
Gimborn
Erlinghagen
Leppestraße
Scheel
Kapellensüng
L 284
Frielingsdorf
Berghausen
Lindlar
Agger
Engelskirchen
1
2
3
4
5
6
7
8
9
10
11
12
13

Entspannungsfaktor ★★★☆☆
Genussfaktor ★★★★☆
Romantikfaktor ★★★★☆

WIE & WANN:
Asphaltierte Straßen sowie befestigte Wald- und Feldwege; beste Radelzeit März bis November; für Gelegenheitsradler empfiehlt sich ein Pedelec

HIN & WEG:
Auto: Bahnhofsparkplatz Marienheide, Bahnhofstraße 19, 51709 Marienheide (GPS: 51.081016, 7.531445)
ÖPNV: RB 25 bis Marienheide

ESSEN & ENTSPANNEN:
Lenz Café & Deli ❺ Marktstraße 5, 51688 Wipperfürth, Tel. (0 15 15) 2 20 66 58, www.lenzcafedeli.chayns.net (Mo.–Fr. 9–17, Sa./So. 10–17 Uhr)
Restaurant Altes Amtsgericht ❻ Marktstraße 8, 51688 Wipperfürth, Tel. (0 22 67) 8 28 68 62, www.altes-amtsgericht-wipperfuerth.de (Di. 17–22.30, Mi.–Fr. 11.30–14 und 17–22.30, Sa. 17–22.30, So.11.30–22 Uhr)
Dorfladen Thier ❼ Johann-Wilhelm-Roth-Straße 21, 51688 Wipperfürth, Tel. (0 22 67) 8 88 44 00, www.dorfladen-thier.de
Café im Fachwerkhaus ❾ Eichenhofstraße 5, 51789 Lindlar, Tel. (0 22 66) 27 41 (Mo.–Fr. 7–18.30, Sa./So. 7–18 Uhr)
Restaurant Lindenhof ❿ Hauptstraße 11, 51789 Lindlar, Tel. (0 22 66) 25 26, www.lindenhof-lindlar.de (Mi.–Mo. 12–14 und 17.30–22.30 Uhr)

ENTDECKEN & ERLEBEN:
Pulvermuseum Villa Ohl ❶ Sauerlandstraße 7, 51688 Wipperfürth-Ohl, www.pulvermuseum.info (So. 14–16 Uhr) **Festes Wehr am Trassen-Radweg** ❷
Vogelbeobachtungsstation ❸
Basisstation Wasserquintett ❹ Lüdenscheider Straße 45 d, 51688 Wipperfürth
Grauwacke-Steinbruch ❽ **Steenkühler-Brunnen** ⓫
Schloss Gimborn ⓬ Schlossstraße 10, 51709 Marienheide, Tel. (0 22 64) 40 43 30, www.ibz-gimborn.de
Kurpark Heilteich ⓭ Landwehrstraße, 51709 Marienheide

- 20 Kilometer
- 150 Höhenmeter
- 2–3 Stunden
- Rundtour

Kunstobjekt

Kultur und Natur

Wipperfürth und Neyetalsperre

Unser Start ist an der Bushaltestelle Wipperfürth-Leiersmühle auf dem Radweg Richtung Wipperfürth-Zentrum oder am Parkplatz Ohler Wiesen in Wipperfürth, ein Stück weiter und ebenfalls direkt am Radweg gelegen. Wir fahren stadteinwärts, überqueren die Gartenstraße und fahren in die **Wupperstraße** auf den **Bergischen Panorama-Radweg Wasserquintett** Richtung Marienheide, dem wir knapp 2 Kilometer folgen. Rechts von uns befindet sich die fast einen Kilometer lange Betonwand unterhalb der B 237-Nordtangente, auf der eines der größten Gemälde weltweit entstanden ist: das **Kunstprojekt Tangente** ❶ der Hansestadt Wipperfürth. Die Mauer hat sich in ein großes, buntes Kunstwerk verwandelt, auf dem sich zahlreiche Wipperfürther Vereine, Institutionen, Kindergärten, Schulen, Firmen, Privatleute, Senioreneinrichtungen und die Stadt verewigt haben.

Am Kreisverkehr kommen wir in Richtung **Hückeswagen** an einem alten **Schienenbus** ❷ vorbei.

Hinter dem Bauhof und vor Bikes Röttel müssen wir rechts abbiegen. Wer sich für den leichten Anstieg bis zur Neyetalsperre noch stärken will, fährt 500 Meter weiter geradeaus zum **Neye.Café** ❸. Vom Café aus erlebt man auf dem Sportflugplatz gegenüber manchmal Starts und Landungen von Flugzeugen, die dabei allerdings die wunderbare Ruhe in der Natur etwas stören.

Zurück bei Bikes Röttel, biegen wir links ab und

*Das **Kunstprojekt Tangente** unterhalb der Nordtangente ist 956 Meter lang und zwischen 1,40 und 7,85 Meter hoch. 174 Felder wurden von Wipperfürther Bürgern mit Graffitis, Zeichnungen und Bildern gestaltet. Das Kunstwerk hat eine Gesamtfläche von 4087 Quadratmetern.*

*2015 wurden einige Gleise des ehemaligen Güterbahnhofs Wipperfürth wiederhergestellt. Der renovierte **Schienenbus** ist Denkmal für das einstige Flüchtlingslager, Treffpunkt des Filmclubs Neye sowie des Siedlervereins Neye und gleichzeitig Lokalität für Feste.*

*Die bogenförmige Staumauer der **Neyetalsperre** besteht aus Bruchsteinmauerwerk. Wie viele ältere Staumauern besitzt sie auf der Wasserseite im unteren Bereich eine Aufschüttung aus Lehm, den „Intzekeil". Er soll die Mauer im Bereich des höchsten Drucks zusätzlich abdichten.*

fahren auf einem kleinen Weg bis zur **Egener Straße.** Ihr folgen wir nach links in den Ortsteil Neye hinein und am Neye-Hotel vorbei. An der nächsten Straße geht es rechts ab ins Neyetal.

An einer Dreifach-Gabelung, an der die Straße Neyetal rechts abzweigt, nehmen wir den mittleren Weg. Nach längerem leichten Anstieg stoßen wir auf die Straße **Oberröttenscheid,** an der wir rechts abbiegen und uns bis zur **Staumauer der Neyetalsperre** 4 immer rechts halten.

Wenn wir dort ankommen, wird es Zeit, uns für die – wenn auch nicht wirklich schwierige – Bergfahrt

Staumauer der Neyetalsperre

zu belohnen. Ganz im Sinne einer „Entschleunigung“ setzen wir uns auf die erste der zahlreichen Bänke um die Talsperre und lassen uns von dem glitzernden Wasser hinter der Staumauer verzaubern.

Seit Anfang Mai 2013 stehen die Neyetalsperre und ein Teil ihres Einzugsgebietes unter Naturschutz. Wir steigen wieder auf unsere Drahtesel, fahren über die Staumauer und schieben das Rad dahinter ein Stück hoch bis zu einer Schranke. Davor biegen wir links ab, können jetzt wieder problemlos fahren und halten uns bei unserer Talsperren-Umrundung immer links auf dem Weg so nah wie möglich am Wasser.

Auf dem ersten Kilometer entlang des Stausees ist es leicht hügelig, was uns zum langsameren Fahren zwingt. Etwa 500 Meter nach der Staumauer

Für die Seele

Wir lassen Kunst an einer Betonwand auf uns wirken und versetzen uns in die Künstler. Am Wasser nehmen wir den Augen-Blick zum Anlass, in unser Inneres zu schauen.

kommen wir wieder an einer Bank vorbei, die uns einen weiteren schönen Blick auf die Talsperre ermöglicht. Nach etwa 1 Kilometer sehen wir an einer Lichtung ein **Herz** aus Holz **direkt am Wasser** **5**. Hier lohnen sich ein Absteigen und der Gang ans Ufer, um uns darüber auszutauschen, ob oder warum uns an solchen Stellen „das Herz aufgeht“.

Wem mehr danach ist, auf einer Wiese direkt am Wasser zu liegen und den Klängen der Natur zu lauschen, dem ist dies 200 Meter dahinter möglich. Auch an Wochenenden trifft man selten Wanderer oder Radfahrer und kann deshalb immer wieder ungestört dem Zwitschern der Vögel und dem Rauschen der Bäume lauschen.

Picknick am Teich

Wir nähern uns jetzt dem Zufluss der Neye in die Talsperre, der mit Pflanzen stark überwuchert ist, und erreichen **Teiche 6**, neben denen uns eine Holzhütte und ein Tisch mit Bänken erwarten. Wem der Sinn nach Picknick steht, der hat hier eine bequeme Gelegenheit, Getränke und Essen auf dem Tisch auszubreiten und Leib und Seele zu stärken.

Bei der Weiterfahrt biegen wir wieder links ab und halten uns weiterhin so nah wie möglich am Wasser. Rechts von uns geht es teilweise steil hoch, weil sich dort der Steinberg befindet, eine bewaldete Kuppe im Quellgebiet der Lindlarer Sülz.

Der Wald rund um die Neyetalsperre wurde Anfang des 20. Jahrhunderts von Menschenhand auf zuvor landwirtschaftlich genutzten Flächen geschaffen und diente zu ihrem Schutz.

Immer wieder kommen wir an Bänken vorbei, an denen wir nach Lust und Laune verweilen können. Eine von ihnen verrät uns, dass sie für einen Wanderer als Geschenk zum 70. Geburtstag von seinen Kindern aufgestellt wurde.

Nach einiger Zeit erreichen wir eine Stelle, an der wir zuerst den Zufluss eines Baches vermuten, der vom Berg in die Talsperre fließt. Bei genauerem Hinsehen erkennen wir eine **Pegelmessstation** 7, an der wir ablesen können, wie hoch der Wasserstand in der Talsperre ist.

Die Neyetalsperre bekommt aber an dieser Stelle kein Wasser, sondern kann es durch einen unterirdischen **Stollen** an die **Bevertalsperre** abgeben. Sie ist auf die gleiche Art mit der Schevelinger Talsperre und dem Mühlenteich Wasserfuhr verbunden. Der Verbund dieser Talsperren ist der sogenannte Bever-

Pegelmessstation

Wipperfürth

block. Damit werden die vorhandenen Wassermengen der benachbarten Talsperren bei der Bewirtschaftung der Bevertalsperre mit einbezogen.

An der Staumauer können wir uns auf einer Infotafel über die Geschichte der Talsperre informieren. Sie wurde 1909 in Betrieb genommen und versorgte mit ihrem Fassungsvermögen von 6 Millionen Kubikmetern bis zum Jahr 2004 die Stadt Remscheid mit Trinkwasser. Heute dient sie lediglich noch als Reserve für Notfälle. Außerdem ist sie zur Regulierung des Wasserstandes bei Hoch- und Niedrigwasser nützlich.

Wir bewegen uns ein zweites Mal über die Staumauer bis zur Schranke, biegen jetzt aber nicht links ab, sondern fahren geradeaus bis zum **Gasthaus zur Neyetalsperre** **8**. Hier können wir beispielsweise unseren Durst mit Bergischem Radler oder unseren Hunger mit einer der zahlreichen Flammkuchenvariationen stillen.

*Das **Gasthaus zur Neyetalsperre** kocht ganz nach bergischer Tradition. Am Wochenende gibt es verschiedene Tagesgerichte, dazu ausgewählte Weine sowie Kaffee, Waffeln und Kuchen. Zusätzlich finden Events wie Wildwochen, Grill- und Oktoberfeste oder Weinproben statt.*

Vom Gasthaus weiter hoch geht es bis zu einer Kreuzung. Dort biegen wir rechts ab in die Straße **Sonnenschein,** die in die Straße **Ommer** übergeht, und lassen uns bis nach Wipperfürth treiben. Hier überqueren wir die Nordtangente (B 237) und fahren in die **Gartenstraße,** die uns in einer Schleife zum Parkplatz beziehungsweise zur Radwegtrasse und zum Busbahnhof Leiersmühle zurückbringt.

Wir sollten aber vorher noch die Gelegenheit nutzen und die **Gartenstraße** weiterfahren, um dann rechts über die **Lüdenscheider Straße** ins **Zentrum von Wipperfürth** **9** zu kommen. Die fast 800 Jahre alte Hansestadt hat nämlich viel zu bieten: Der Marktbrunnen, die Alte Stadtmauer, der Münzschläger und die Statuen des Stadtgründers Graf Engelbert von Berg erzählen noch heute ihre Geschichten. In den zahlreichen gemütlichen Restaurants, Cafés, Eisdielen und Gaststätten – viele mit Außengastronomie und Biergarten – lässt es sich in angenehmem Ambiente gut verweilen (siehe Tour 5, S. 59).

Bevertalsperre
Bever
Neyetalsperre
Schevelinger Talsperre
Hönnige
Harhausen
Niederwipper
Wipperfürth
Wipperhof
Stöpgeshof
Neye
Egener Straße
Klitz-
haufe
Wupper
Sonnenschein
Berghof
Hambüchen
237
237n
1
2
3
4
5
6
7
8
9

WIE & WANN:
Überwiegend befestigte oder asphaltierte Wege; beste Radelzeit April bis Oktober; ideal für Einsteiger, Kinder und Genussradler

HIN & WEG:
Auto: Parkplatz Ohler Wiesen, Gartenstraße, 51688 Wipperfürth (GPS: 51.120471, 7.400721)
ÖPNV: Bergischer Fahrradbus (Marienheide Busbf.–Leverkusen-Opladen Busbf.) bis Wipperfürth-Leiersmühle, www.bergischer-fahrradbus.de

ESSEN & ENTSPANNEN:
Neye.Café ❸ Beverstraße 3, 51688 Wipperfürth, Tel. (0 22 67) 8 88 10 88 (So. 10–17 Uhr)
Gasthaus zur Neyetalsperre ❽ Großblumberg 3, 51688 Wipperfürth, Tel. (0 22 67) 45 60, www.gasthauszurneyetalsperre.wordpress.com (Mi.–Sa. 12–21, So. 10–21 Uhr)

Entspannungsfaktor ★★★★★
Genussfaktor ★★★★☆
Romantikfaktor ★★★★★

ENTDECKEN & ERLEBEN:
Kunstprojekt Tangente Wipperfürth ❶ parallel zur B 237 zwischen Gartenstraße und Radiumstraße
Schienenbus Wipperfürth ❷
Staumauer der Neyetalsperre ❹
Herz am Wasser ❺
Teiche mit Picknickmöglichkeit ❻
Pegelmessstation der Neyetalsperre und Stollen zur Bevertalsperre ❼
Zentrum von Wipperfürth ❾

Einschnitt Bramdelle

- 31 Kilometer
- 300 Höhenmeter
- 3 Stunden
- Strecke

Auf der Kohlenbahn

Von der Wupper zur Ruhr

Diese Streckentour führt uns auf ehemaligen Bahntrassen durch ein ehemaliges Kohleabbaugebiet zur sogenannten Kohlenbahn. Im weiteren Verlauf der Tour folgen wir dem Tal des Elbschebaches, das als Naturschutzgebiet ausgewiesen und weitgehend von der Landwirtschaft geprägt ist.

Wir starten in Wuppertal-Oberbarmen auf dem **Berliner Platz,** der direkt neben der Endhaltestelle der **Schwebebahn** liegt. An der Ampel können wir die Berliner Straße überqueren und fahren etwa 500 Meter die **Langobardenstraße** hoch. Dies ist die einzig nennenswerte Steigung am heutigen Tag. Am Hinweisschild **Café Nordbahntrasse** biegen wir links ein und halten uns direkt dahinter rechts, womit wir auf der **Nordbahntrasse** Richtung Bahnhof Schee sind – einer spektakulären ehemaligen Bahntrasse am Hang über Wuppertal (siehe Tour 2, S. 23).

Hinter dem Neubaugebiet Bergisches Plateau schwenkt der Radweg nach links auf die **Weiherstraße** und sofort rechts auf die Straße **Am Diek.** Auf dem Bürgersteig rechts fahren wir jetzt 600 Meter neben dem Autoverkehr. Kurz vor der Nächstebrecker Straße geht es an einer aufgehängten Fahrradskulptur rechts ab zur **Zufahrt Bramdelle.**

Der **Einschnitt Bramdelle** (1) wurde im Zuge des Baus der Nordbahntrasse künstlich geschaffen und führt durch Gesteine des Massenkalks, der vor circa 370 Millionen Jahren durch Ablagerung von Korallen,

*Beim **Einschnitt Bramdelle** beträgt der Höhenunterschied zum Plateau oben 28 Meter. Immer wieder finden sich am Rand gemauerte Nischen als Schutz für sogenannte Streckenläufer, die früher Mängel an den Steilwänden und Beschädigungen am Gleis feststellen und sofort melden mussten.*

__Dolinen__ sind Einsturztrichter im Kalkgestein. Regenwasser reagiert wie eine schwache Säure und frisst über Tausende Jahre Klüfte und Höhlensysteme in den Kalk. Wenn die Last für die Höhlendecke zu hoch wird, bricht der Hohlraum ein. So bildet sich ein „Loch im Boden".

Schnecken und Muscheln in einem flachen tropischen Meer entstand. Die steilen Wände zeigen Klüfte, Spalten und Höhlenansätze sowie Schlote mit eingelagerten Sanden und Tonen. Das Kalkgestein ist brüchig, und das Regenwasser wäscht mit der Zeit Höhlen aus. Deshalb sind die Wände teilweise mit hohen Stützmauern versehen.

Nach 2,2 Kilometern an einer Abzweigung rechts (In der Heide) sehen wir ein einmaliges Naturdenkmal, das nur selten so deutlich in der Landschaft erkennbar ist: **Dolinen** ②. Die Größe solcher Trichter beträgt bis zu 10 Meter im Durchmesser und in der Tiefe.

Der Weg führt geradeaus weiter und später über die Linderhauser Straße (Vorsicht! Vorfahrt für Kfz!) zur **Brücke Bracken** ③. Beim Blick nach rechts sieht man

Brücke Braken

die Garnbleicherei Hof Vossbleck. Kurz dahinter überqueren wir die Straße Bracken und sehen links den **Haltepunkt Bracken** ❹ mit einem schönen Wartehäuschen und einer Holzskulptur.

Durch den **Tunnel Schee** geht es weiter zur Infotafel „Bahntrassen zwischen Ruhr und Wupper", die man sich genauer ansehen sollte. Biologisch Interessierte erhalten Erklärungen, was dieses Gebiet an „Lebensräumen Wasser" zu bieten hat.

Am **EsSBahnhof Schee** ❺ haben wir Gelegenheit für einen Imbiss mit schönem Ausblick in die Elfringhauser Schweiz.

Hinterm Bahnhof Schee fahren wir auf den Radweg rechts und folgen dem Wegweiser nach **Gevelsberg/Haßlinghausen.** Nach Überquerung der sehr unübersichtlichen Quellenburgstraße wird die Trasse weitergeführt Richtung **Witten.** Nur kurz dahinter werden wir zu einem kurzen Anstieg gezwungen, obwohl uns links die wunderschöne Alleestraße zum Hof Scherenberg lockt. Ein Schild des Fördervereins Bergbauhistorischer Stätten Ruhrrevier e. V. erklärt, warum uns die Alleestraße als Radweg nicht gegönnt wird. Nach der Anhöhe und dem Blick auf den Hof Scherenberg geht es wieder abwärts bis zu einer Rechtskurve, in der uns auf der linken Seite ein Hinweisschild über **Kohlenflöze im Halloh** ❻ begegnet. Der Abhang hinter dem Schild führt zum Sprockhöveler Bach, dessen Umgebung eine historische Besonderheit verbirgt.

*„Der Weg ist das Ziel": So hat der in Wuppertal geborene Bildhauer Hans Jürgen Hiby sein Kunstwerk am **Haltepunkt Bracken** genannt. Es wurde aus einer im Stadtteil gewachsenen Platane geschaffen. Radler, die vorbeifahren, könnten ebenfalls im Unterwegssein ihr Ziel sehen.*

Für die Seele

Wir genießen die Natur und erleben an Bach, an Teichen und auf Viadukten Geschenke der Vorfahren.

Restaurant Universita della Pizza

Die grundbesitzenden Bauern entdeckten vor mehreren Hundert Jahren auf ihrem Land schwarze Streifen: Kohlenflöze! Sie bauten mit ihren Familien und Nachbarn als „Gewerken" die entdeckte Kohle ab und verkauften sie. Es handelte sich um Magerkohle mit einem geringen Anteil an flüchtigen Bestandteilen und einem hohen Kohlenstoffgehalt von 92 Prozent. Wegen des geringen Methangehaltes waren Grubengasexplosionen („schlagende Wetter") in der Regel nicht zu befürchten.

An Kohle und Kohlenbahn-Trasse denken wir auch bei einer kleinen Lok, die am Wegesrand steht. Sie soll an den früheren Gasthof „An der Kohlenbahn" erinnern und dient heute seinem Nachfolger **Restaurant Università della Pizza** ❼ als Werbung.

Schon kurz dahinter gibt es wieder eine Besonderheit: Sicherlich nicht zufällig finden wir an dieser Stelle die Anlage des **Dampf-Bahn-Clubs Sprockhövel** ❽. Er betreibt eine Gartenbahnanlage, auf der mit „Echtdampf", also tatsächlich mit Dampf angetriebenen Modell-Lokomotiven, gefahren wird.

Bei der Weiterfahrt verlassen wir hinter einem Pferdehof die Trasse scharf links und radeln Richtung **Witten.**

Wir folgen dem Radstreifen entlang der **B 234** ein kurzes Stück nach rechts, bis wir rechts Richtung Witten in die **Albringhauser Straße** einbiegen können.

Diese befahren wir mit allen Kurven und Abzweigungen, bis es nach etwas über 3 Kilometern links abgeht in **Am Overbeck.** Hier biegen wir ein und radeln hinter einer Brücke über den Elbschebach rechts weiter auf Am Overbeck. Schon bald sehen wir rechts ein einstiges Bahnhofsgebäude, wo wir heute im **Landhaus zum alten Bahnhof** ⑨ einkehren können.

Bei der Weiterfahrt kommen wir an einem seltsamen niederländischen Warnschild vorbei und erreichen bergab den **Angelpark Elbschetal** ⑩. Hier lohnt sich links ein kurzer Abstecher nach **Ratelbecke,** um min-

Dampf-Bahn-Club

!

Der Dampf-Bahn-Club Sprockhövel bastelt vorbildgetreue Lokomotiven und Strecken. Auf der Anlage fährt unter anderem eine Eigenbau-Lok der Spurweite 7 1/4 Zoll (184 Millimeter). Die Waggons eines Zuges sind mit Sitzbänken ausgestattet, sodass Bahnfreunde an Rundfahrten teilnehmen können. (Öffentliche Fahrtage Apr. bis Sept. am 3. So. im Monat 11–17 Uhr)

Elbschetaltrasse

destens einen Blick in den Angelpark zu werfen. Radfahrer sind in diesem Idyll herzlich willkommen, werden aber gebeten, ihr Rad zu schieben. Auf einer kleinen Anhöhe im Gelände steht eine Verkaufshütte, an der man sich mit Räucherfischen sowie kalten und warmen Getränken versorgen kann. Ein wunderbarer Platz zum Entschleunigen beim Blick auf die Teiche, an denen oft einzelne Angler stehen.

Zurück an der Straße **In der Ratelbecke,** erreichen wir nach kurzer Fahrt den Einstieg in die Trasse der **Elbschetalbahn,** die einst eine durchgehende Eisenbahnverbindung von Schwelm nach Witten herstellte und in diesem Bereich 1979 stillgelegt wurde. Ihre Gleise wurden bereits 1984 entfernt, aber erst 2017 war die Strecke fertig als Radweg ausgebaut. Sie bringt uns jetzt auf 7 Kilometern fast bis an unser Ziel in Witten.

Am Rande der Elbschetaltrasse sehen wir häufiger „Kunst aus Natur“: Wurzeln und Äste wurden so aufeinandergeschichtet, dass sie interessante Perspektiven bieten und uns zur Entschleunigung animieren. Immer wieder kommen wir an Rastplätzen vorbei, die allerdings in ihrer nüchternen Gestaltung nicht gerade einladend wirken.

Ein Highlight besonderer Art ist der **Elbschetal-Viadukt ⑪,** von dem man rechts auf Wengern und links auf die Wälder und Wiesen am Elbschebach blickt. Es wurde 1934 erbaut und bietet tolle Ausblicke von

Elbschetal-Viadukt

unten und von oben. Einst verkehrten über dieses Bauwerk täglich 23 Reisezüge, darunter fünf Eilzüge, sowie ein nicht unerheblicher Güterverkehr.

An der nächsten Möglichkeit zur Abfahrt von der Trasse biegen wir links ab und fahren vorsichtig einige Meter bergab. Nach kurzer Fahrt parallel zur Trasse erreichen wir den **Henriette-Davidis-Weg.** Links unter dem Viadukt ist eine zur Gedenktafel umfunktionierte Herdplatte in das Mauerwerk eingelassen. Wir rollen in Richtung des **Ortszentrums von Wengern ⑫** hinunter und sehen links mit der Hausnummer 8 das **Henriette-Davidis-Geburtshaus.**

Henriette Davidis (1801–1876) gilt als berühmteste Kochbuchautorin Deutschlands. Obwohl zu ihrer Zeit viele ähnliche Bücher erschienen, wurde ihr „Praktisches Kochbuch“ sozusagen zum Standardwerk für das späte 19. und frühe 20. Jahrhundert.

Am Ende der Straße liegt links um die Ecke das Hotel Davidis mit **Kerstins svenska restaurang ⑬.** Die Inhaber vertreten die sympathische Meinung, dass gut essen etwas zu tun hat mit „runterkommen“, entspannen und Kraft tanken. Direkt nebenan liegt der

Henriette-Davidis-Platz mit einer der Kochbuchautorin gewidmeten **Holzskulptur.** Gegenüber lädt uns die **evangelische Kirche** zu einem Besuch ein. Sie gilt als Baudenkmal und hat ihre Ursprünge im Jahr 1246. Ein paar Schritte weiter, im **Elbscheweg,** finden wir das Henriette-Davidis-Museum.

Um zur Trasse der Elbschetalbahn zurückzukehren, können wir auch die kurze steile Auffahrt zwischen Henriette-Davidis-Platz und Kirche hochfahren oder schieben.

Zur Weiterfahrt geht es problemlos auf der Trasse weiter, bis wir am Stadtrand von **Bommern** auf **Im Klive** kommen und rechts in diese Straße einbiegen. An ihrem Ende fahren wir rechts durch die Unterführung und sofort links auf den Radweg neben der **Uferstraße.** Wir folgen der Beschilderung des **Ruhrtalwegs** über die **Nachtigallstraße** bis zur **Zeche Nachtigall LWL-Industriemuseum** ⑭, das als ältestes und größtes Industriemuseum in Deutschland gilt. Es bewahrt, erforscht und vermittelt die Geschichte und Kultur des Industriezeitalters, indem es neben dem Denkmalbestand eine Sammlung mit mehr als 250.000 Stücken aus dem Industriezeitalter zeigt – vom Glasknopf bis zur Dampfmaschine, vom Abendkleid bis zur Ziegelpresse. Mit einem Besuch im waagerechten Nachtigall-Stollen, der 1714 erstmals erwähnt wurde (Führung ohne Voranmeldung), können wir unsere heutige Tour angemessen beschließen.

Um zum Hauptbahnhof Witten zu kommen, fahren wir die **Nachtigallstraße** zurück bis zur Abzweigung links auf die **Nachtigallbrücke.** Die Brücke erlaubt uns links und rechts sehr schöne Ausblicke auf die Ruhr und bringt uns dann zum **Ruhrdeich.** Ihm folgen wir nach links und biegen sofort rechts in die **Herbeder Straße** ein. Hinter einer Bahnunterführung bringt uns rechts die **Berger Straße** zum **Hauptbahnhof Witten,** wo wir direkt am Bahnhof noch einen Imbiss nehmen können, bevor es mit dem Zug zurückgeht nach Wuppertal-Oberbarmen.

Neben Lachs, Hering, Köttbullar und Steaks gibt es im ***Kerstins svenska restaurang*** *saisonal inspirierte, von Wildpflanzen begleitete Wochenendmenüs aus der neuen nordischen Küche, etwa Elchsteaks, Rinder- und Schweinefilet vom Bio-Bauern oder verschiedene Fischkreationen.*

Bochum
Heven
Witten
DB
Stiepel
Kemnader See
Ruhr
Herbede
Bommern
226
Rauendahlstraße
Hattingen
Wengern
Albringhausen
43
Wittener Straße
Albringhauser Straße
Esborner Straße
Sprockhövel
Hidding-
hausen
234
Haßlinghausen
Obersprockhövel
1
Gennebreck
Gevelsberg
Ennepe
Nächste-
breck
46
Wuppertal
Ennepetal
7
483
Oberbarmen
Schwelm
DB
P
1
2
3
4
5
6
7
8
9
10
11
12
13
14

WIE & WANN:

Überwiegend asphaltierte oder wassergebundene ehemalige Bahntrassen mit wenig befahrenem Straßenabschnitt zwischen den beiden Trassen; beste Radelzeit April bis Oktober

HIN & WEG:

Start: Berliner Platz am Bf. Wuppertal-Oberbarmen (GPS: 51.27483, 7.22158)
Auto: P + R Bf. Wuppertal-Oberbarmen, Waldeckstraße 20, 42289 Wuppertal
ÖPNV: Diverse RE-, RB- und S-Bahn-Linien bis Wuppertal-Oberbarmen
Ziel: Hbf. Witten (GPS: 51.43592, 7.32997); Rückfahrt: RE 4 bis Wuppertal-Oberbarmen

ESSEN & ENTSPANNEN:

EsSBahnhof Schee ❺ Eisenbahnstraße 11, 45549 Sprockhövel, Tel. (01 70) 4 85 88 90, www.essbahnhofschee.metro.rest (Di.–Do. 13–19, Fr.–So. 11–19 Uhr)
Restaurant Università della Pizza ❼ Am Beermannshaus 16, 45549 Sprockhövel-Haßlinghausen, Tel. (0 15 78) 8 96 47 48, www.universitadellapizza.jimdo.com (Di.–Fr. ab 16, Sa./So. ab 12 Uhr)

Entspannungsfaktor ★★★★☆
Genussfaktor ★★★★☆
Romantikfaktor ★★★★☆

Landhaus zum alten Bahnhof ❾ Am Overbeck 38, 58300 Wetter, Tel. (0 23 35) 84 71 33, www.alterbahnhof-albringhausen.de (Mi.–Fr. ab 17, Sa./So. ab 12 Uhr)
Angelpark Elbschetal ❿ Ratelbecke 4, 58300 Wetter-Albringhausen, Tel. (01 72) 2 75 64 90, www.angelpark-elbschetal.de (Apr. bis Sept. Mi.–Mo. 7–18 Uhr)
Kerstins svenska restaurang ⓭ Trienendorfer Straße 8, 58300 Wetter-Wengern, Tel. (01 57) 71 33 06 03, www.schwedisch-essen.de (Mo., Do. 18–22, Fr., Sa. 15–22, So. 12–20.30 Uhr)

ENTDECKEN & ERLEBEN:

Einschnitt Bramdelle ❶ **Dolinen** ❷ **Brücke Bracken** ❸ **Haltepunkt Bracken** ❹ **Kohlenflöze im Halloh** ❻ **Dampf-Bahn-Club Sprockhövel** ❽ **Elbschetal-Viadukt** ⓫
Ortszentrum von Wengern ⓬ mit Henriette-Davidis-Geburtshaus, Henriette-Davidis-Platz, evangelischer Kirche und Henriette-Davidis-Museum, www.henriette-davidis-museum.de (1. So. im Monat 15–17 Uhr)
Zeche Nachtigall LWL-Industriemuseum ⓮ Nachtigallstraße 35, 58452 Witten, Tel. (0 23 02) 9 36 64-10, www.lwl.org/industriemuseum/standorte/zeche-nachtigall (Di.–So. 10–17.30 Uhr)

- 46 Kilometer
- 280 Höhenmeter
- 4 Stunden
- Rundtour

Bauerngut Schiefelbusch

Zwei Seelen …

Nach Siegburg und durchs Aggertal

Die Agger hat eine Länge von insgesamt 70 Kilometern, die Sülz ist mit knapp 50 Kilometern deutlich kürzer. Bei dieser Tour bewegen wir uns grob gesagt zwischen den Unterläufen beider Flüsse bis zur Mündung in die Sieg.

Wir starten vom Bahnhof Honrath aus gesehen nach rechts und folgen der **Grünaggerstraße** und späteren **Rösrather Straße** in einem großen S-Bogen bergauf. Auf der Höhe links sehen wir die evangelische Kirche und die Burg Honrath. Die Kirche ist ein kleines akustisches Wunderwerk.

Wir biegen bei der nächsten Möglichkeit rechts in die **Alte Honrather Straße** ein, die in die **Hoffnungsthaler Straße** übergeht, der wir bis auf die Höhe folgen. Dort fahren wir nach links in die **Schlehecker Straße** und sofort rechts in die Straße **Wickuhl.**

Wenn wir die **Rösrather Straße** erreichen, geht es rechts ab und sofort links zum Bauerngut Schiefelbusch. Durch ein Infoschild an der Straßenecke machen wir das erste Mal Bekanntschaft mit dem **Bauernhofweg** **1**. Es handelt sich um einen der 24 „Bergischen Streifzüge“, Themenwanderwege durch die Region. Der Bauernhofweg zeigt uns, dass zu einem Bauernhof heute viel mehr gehört als Äcker, Wiesen, Stall und Tiere: vom Hofladen über Weihnachtsbaumplantagen und Hofcafés bis hin zum Biokraftwerk. Wir werden auf unserer Tour noch weiteren dieser interessanten Infoschilder begegnen.

*Die **Gammersbacher Mühle** bietet Aktivitäten und Events unterschiedlichster Art an: Bogenschießen, Brotbacken, Streichelzoo, historische Mühlenbesichtigung, Ponyreiten, Planwagenfahrten, Miniatureisenbahn, Trampolinspringen und vieles andere – ebenso Speisen und Getränke.*

Nach erfolgreich absolvierter „Bergwertung" bietet das **Bauerngut Schiefelbusch** ② eine willkommene Gelegenheit, uns zu entspannen und zu regenerieren. Selbst gemachte Torten und Kuchen sowie herzhafte Snacks und Leckereien schmecken am besten draußen auf der Sonnenterrasse in der Gartenanlage. Im Bauernlädchen können wir Fleisch und Wurst aus eigener Schlachtung, Käse, Brot aus dem Steinbackofen, eingekochte Suppen und Eintöpfe und weitere Leckereien erwerben, dazu ausgefallene Geschenk- und Gartenideen.

Während wir bergab durch eine ruhige Landschaft weiterrollen, macht unsere „Entschleunigungs-Kur" weitere Fortschritte. Wir fahren immer parallel zum **Gammersbach,** erreichen die Straße **Burg Schönrath,** biegen rechts ein und sofort wieder links ab zur idyllisch gelegenen **Gammersbacher Mühle** ③.

Gammersbacher Mühle

Die Weiterfahrt erfolgt auf gut 1 Kilometer über Waldwege, bis wir den links liegenden Gammersbach überqueren können. Dahinter fahren wir sofort rechts am Wald entlang bis zu einem Wohngebiet. Hier biegen wir scharf links ab, erreichen **An der Burg Sülz,** biegen links ein und verlassen An der Burg Sülz in der nächsten Rechtskurve nach links. Wir radeln einen Wirtschaftsweg entlang, um an dessen Ende links abzubiegen. Auf dem **Kellershohner Weg** fahren wir nach rechts, halten uns am Ortseingang von **Bach** rechts und erreichen die **L 288 (Sülztalstraße),** wo es nach links weitergeht. Wir folgen dem straßenbegleitenden Radweg, bis links das **Restaurant Café Meigermühle** ❹ und die **Erlebnisbrauerei Lohmar** ❺ auftauchen.

Wer schon immer mal wissen wollte, wie Bier hergestellt wird und wie es in einem Gär- und Reifungsprozess zu dem Getränk wird, das viele von uns so schätzen, erhält einen Einblick bei den Führungen in der ***Erlebnisbrauerei Lohmar.*** *– Besser nur nippen als ausgiebig probieren!*

Der Radweg führt uns nach einem eventuellen

Für die Seele

Naturschutzgebiet und Militärgelände, Waldesruh und Verkehr: Zwei Seelen wohnen, ach! in meiner Brust (Goethes Faust).

Stopp ganz nahe an der Sülz entlang zur **Flughafenstraße,** in die wir rechts einbiegen, die Sülz und die Autobahn A 3 überqueren, um dann links in die **Sülzbachstraße** zu fahren. Rechts am Wegesrand hängt das Verkehrszeichen „Schwedischer Elch“. Geradeaus kommen wir auf den **Agger-Sülz-Weg** mit idyllischen Teichen links von uns, die zur Sülz gehören. Das friedlich dahinströmende Flüsschen fließt allerdings auch am Fuße des früheren Erzbergwerks Grube Lüderich entlang und ist nicht unbelastet.

Kurz danach erreichen wir die **Mündung der Sülz in die Agger** ❻. Nicht nur (Hobby-)Fotografen könnten hier auf ihre Kosten kommen, sondern alle Naturfreunde, die sich gerne an Flüssen erfreuen. Die Au-

Mündung Sülz-Agger

tobahn im Hintergrund und der Flugverkehr vom Köln-Bonner Flughafen zeugen gleichzeitig von unserer technisierten Zivilisation.

Wir befinden uns am Rand eines der bedeutendsten Heidegebiete Europas, dem **Naturschutzgebiet Wahner Heide.** Neuntöter, Schwarzkehlchen und Heidelerche danken es den Ziegen und Rindern, die hier grasen, bevor die einzigartige Heidelandschaft im August und September in allen Farben blüht.

*Lange Zeit wurde die **Wahner Heide** als Truppenübungsplatz genutzt. Seit 2004 ist das unter Schutz stehende Heidegebiet wieder zugänglich, allerdings nur auf dem markierten Wegenetz. Mehr als 700 zum Teil seltene Tier- und Pflanzenarten sind hier heimisch.*

Immer in der Nähe der Agger und dem Radwegschild folgend erreichen wir den Weg **Am alten Wasser,** den wir am Sportgelände nach links verlassen, um zum **Aggerdamm** zu kommen. Diesem folgen wir, unterqueren die B 8 (Frankfurter Straße) und kommen zum Aggerfreibad **AGGUA Troisdorf** 7. Kurz danach kommen wir an einem Minigolfplatz und einer Imbissstube vorbei. Nach der Unterquerung des Willy-Brandt-Rings fahren wir lange parallel zur **Uferstraße,** passieren die Mündung der Agger in die Sieg und biegen nach der Unterquerung der Siegstraße zweimal

Agger

Michaelsberg Siegburg

nach rechts, um auf der **L 143** die Sieg zu überqueren. Am Ende der Brücke biegen wir zweimal scharf rechts ab, fahren so unter der Brücke durch und sofort rechts auf einen asphaltierten Feldweg. Unter der B 56 durch kommen wir an die Sieg und folgen ihr flussaufwärts mit Blick auf den Michaelsberg in Siegburg. Nach Unterquerung einer Eisenbahn- und einer Straßenbrücke halten wir uns wieder zweimal rechts. Auf der **Bonner Straße** fahren wir erneut über die Sieg und zur Stadtmitte. Wir erreichen den **Kaiser-Wilhelm-Platz** und folgen halb links der **Mühlenstraße** bis zur **Bergstraße,** die uns rechts auf den **Michaelsberg** bringt.

Im anno 17 **8,** in den Räumen der ehemaligen Abteistuben auf dem Michaelsberg, können wir uns an Snacks, Speisen und wechselnden kulinarischen Köstlichkeiten erfreuen.

Noch ein kleines Stück höher erreichen wir dann das Kloster auf dem **Michaelsberg Siegburg 9.** Es wurde im Jahr 1064 als Benediktinerabtei gegründet. Seit 2013 leben hier sechs Patres der Ordensgemeinschaft

Blick vom Michaelsberg

der Unbeschuhten Karmeliten. In den ehemaligen Abteigebäuden ist das Katholisch-Soziale Institut (KSI) untergebracht, ein Fortbildungszentrum und Tagungshaus des Erzbistums Köln.

Die tagsüber geöffnete Abteikirche ist für Besucher frei zugänglich. Vom Johannesgarten führt ein ehemaliger Wehrgang mit herrlichem Ausblick auf Siegburg und Umgebung zu einem alten Wachturm.

Wir fahren die **Bergstraße** und **Mühlenstraße** wie auf der Hinfahrt zurück, biegen aber am **Parkhotel Kranz** links ab und kommen auf den gut ausgebauten und beschilderten **Bahntrassen-Radweg Aggertalbahn.** Diesem folgen wir aus Siegburg heraus. Der Radweg geht über in **Am Heckershof,** unterquert die B 56, schneidet die Autobahnauffahrt Lohmar und bringt uns zur **Hauptstraße.** Wir fahren links in Richtung Lohmar-Zentrum, biegen aber von der Hauptstraße aus in die zweite Straße links, die **Aggerstraße,** ein. Hier queren wir ein weiteres Mal die A 3 und folgen dem beschilderten Radweg an der Agger entlang, bis wir uns auf der **Brü-ckenstraße** befinden. Geradeaus geht es dann nach einer Unterführung links ab zum **Restaurant Zur Alten Fähre ⑩,** wo wir drinnen oder draußen eine Pause einlegen können.

Vom Restaurant aus folgen wir dem weiteren Verlauf der **Brückenstraße,** biegen links ab in Richtung Zentrum (die Straße heißt hier auch Brückenstraße und wird später zur **Kirchstraße**) und fahren weiter bis zu einem Kreisel. Hier bleiben wir geradeaus auf der Kirchstraße und biegen an der nächsten großen Straße links ab in die **Hauptstraße.** Dieser folgen wir so lange, bis es nach knapp 800 Metern an einer **BFT-Tankstelle** links abgeht in die Straße **Im Pesch.** Entsprechend den Radwegschildern biegen wir auf dieser sofort rechts ab und folgen dem Radweg durch eine Siedlung am Jabach entlang. Wir überqueren die Straße Im Pesch, verlassen den Jabach nach rechts, fahren am Kleingartenverein Lohmar vorbei, queren den Autobahnzubringer und die L 288 (Sülztalstraße) und

Restaurant Don Caruso

erreichen über die Straße **In der Kornbitze** die **Donrather Straße,** in die wir links einbiegen. Sobald wir nah an der Agger sind, sollten wir eine kurze Pause machen und **Käthe Overath** (1926–1990) gedenken, die während der Nazi-Zeit hier in der **Donrather Straße** ⑪ wohnte und als 18-Jährige mit einer tollkühnen Retungsaktion ein jüdisches Ehepaar befreite und dann versteckt hielt. Dafür wurde sie mit dem Bundesverdienstkreuz am Bande und dem Titel „Gerechte unter den Völkern" geehrt. Es ist vorgesehen, eine Straße nach ihr zu benennen und damit ihre beispielhafte Zivilcourage zu ehren.

Wir setzen unsere Fahrt links über den **Dornheckenweg** fort und biegen vor einer Rechtskurve links ab, um eine Brücke über die Agger zu nutzen. Hinter der Brücke rechts geht es knapp 2 Kilometer lang über Wald- und Feldwege bis **Höngesberg,** wo wir rechts einbiegen. Kurz dahinter links führt der Radweg wieder an der Agger entlang, bis wir rechts in die **Schiffarther Straße** einbiegen und vor der Agger-Überquerung bei Bedarf Rast im **Restaurant Don Caruso** ⑫ machen können.

Naturschule Aggerbogen

*Die **Naturschule Aggerbogen** ist ein Projekt von Bildungswerken aus Lohmar, Overath, Rösrath und Troisdorf. Kinder erhalten Gelegenheit zur körperlich-sinnlichen Auseinandersetzung mit ihrer Umwelt – denn Fakten sind schnell vergessen, Erlebnisse aber bleiben in Erinnerung.*

Hinter der Brücke geht es links zur **Naturschule Aggerbogen** 13 im rund 16 Hektar großen Landschaftsgarten.

Das Radweg-Hinweisschild führt uns durch ein Wohngebiet am **Restaurant Aueler Hof** 14 vorbei, lässt uns die Wahlscheider Straße überqueren und **Auf der Bitze** befahren. Es geht am Wald entlang **(Schachenaueler Straße)**, bald fahren wir wieder durch ein Wohngebiet, überqueren die Seelscheider Straße und radeln entlang der **Honsbacher Straße.** Über eine Agger-Brücke kommen wir zur **B 484.** Hinter dem **Landhotel Naafs Häuschen** gleich gegenüber geht es links auf den Radweg und über **Tournisauel** zur **Grünaggerstraße,** in die wir links einbiegen und den **Bahnhof Honrath** erreichen.

Brücke am Aggerbogen

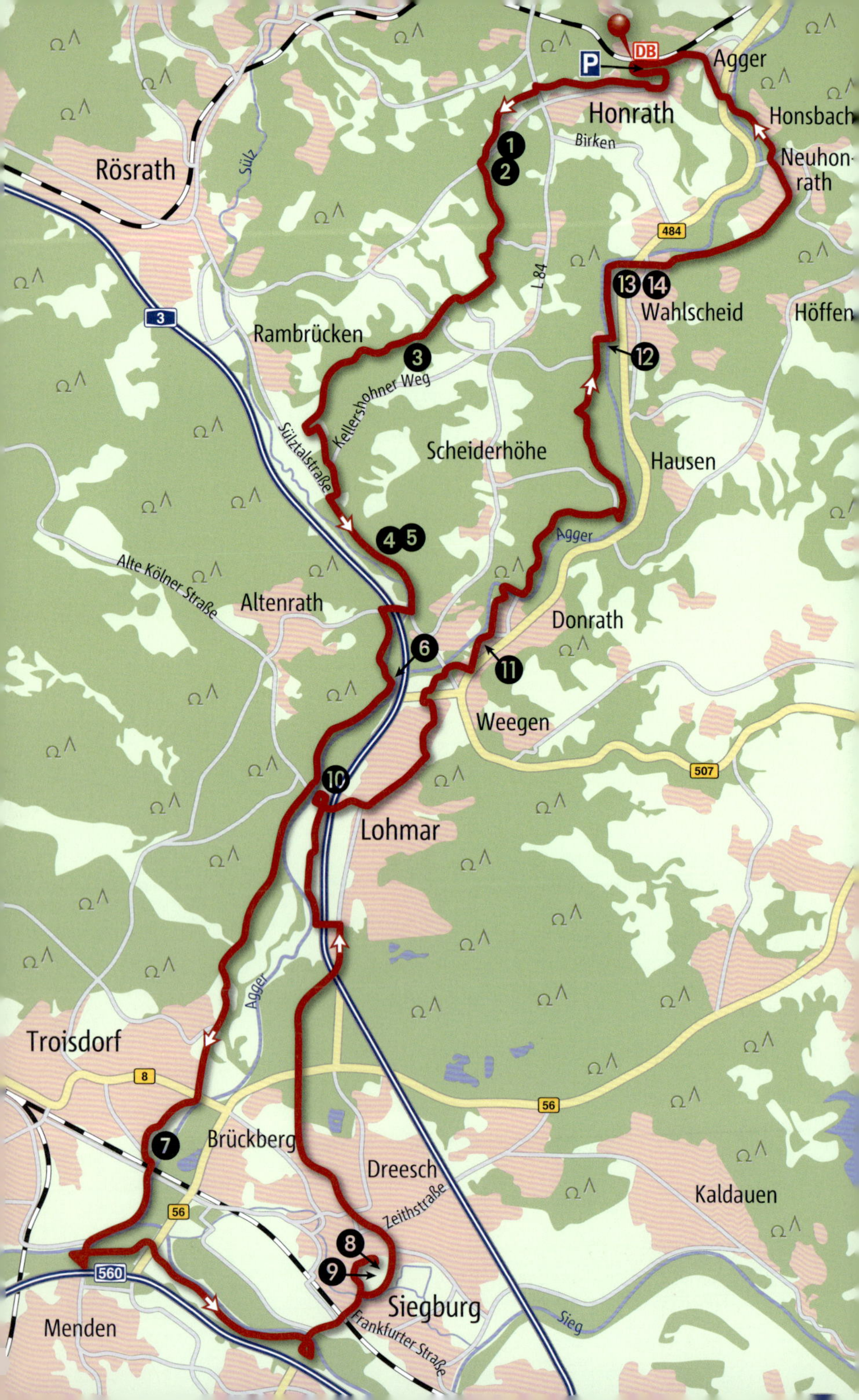

DB
P
Agger
Honrath
Honsbach
Birken
Neuhon-rath
Rösrath
Sülz
484
L 84
Wahlscheid
Höffen
3
Rambrücken
Kellershohner Weg
Scheiderhöhe
Hausen
Sülztalstraße
Agger
Alte Kölner Straße
Altenrath
Donrath
Weegen
507
Lohmar
Agger
Troisdorf
8
56
Brückberg
Dreesch
Kaldauen
56
Zeithstraße
560
Siegburg
Menden
Sieg
Frankfurter Straße

WIE & WANN:
Radstreifen auf Straßen, asphaltierte Wege sowie befestigte Wald- und Feldwege; beste Radelzeit März bis November

HIN & WEG:
Auto: P + R Lohmar-Honrath, Grünaggerstraße, 53797 Lohmar (GPS: 50.91039, 7.25253)
ÖPNV: RB 25 bis Bahnhof Honrath

ESSEN & ENTSPANNEN:
Bauerngut Schiefelbusch ❷ Schiefelbusch 3, 53797 Lohmar, Tel. (0 22 05) 8 35 54, www.bauerngut-schiefelbusch.de (Do., Fr. 9–18, Sa. 9–17, So. 13–18 Uhr)
Restaurant Café Meigermühle ❹ Meigermühle 1, 53797 Lohmar, Tel. (0 22 46) 50 00, www.cafe-restaurant-meigermuehle.de (Di.–So. 11–22 Uhr)
anno 17 ❽ Bergstraße 26, 53721 Siegburg, Tel. (0 22 41) 2 51 71 60, www.anno17.de (Mo. 18–23, Di.– Fr. 15–23, Sa. 10–23, So. 10–18 Uhr)

Entspannungsfaktor ★★★★☆
Genussfaktor ★★★☆☆
Romantikfaktor ★★★☆☆

Restaurant Zur Alten Fähre ❿ Brückenstraße 18, 53797 Lohmar, Tel. (0 22 46) 45 61, www.hotel-zur-alten-faehre.eu (Di.–Sa. 11.30–14.30 und 17–21.30, So. 11.30–21.30 Uhr)
Restaurant Don Caruso ⓬ Schiffarther Straße 25, 53797 Lohmar, Tel. (0 22 06) 9 50 91 90, www.doncaruso.de (Mo.–Sa. 16–23, So. 12–21 Uhr)
Restaurant Aueler Hof ⓮ Wahlscheider Straße 8, 53797 Lohmar, Tel. (0 22 06) 52 79 (Di.–Sa. 11–23, So. 10–22 Uhr)

ENTDECKEN & ERLEBEN:
Bergischer Streifzug Bauernhofweg ❶
Gammersbacher Mühle ❸
Erlebnisbrauerei Lohmar ❺
Mündung der Sülz in die Agger/Naturschutzgebiet Wahner Heide ❻
AGGUA Troisdorf ❼
Michaelsberg Siegburg ❾
Ort des Elternhauses von Käthe Overath ⓫
Naturschule Aggerbogen ⓭

- 36 Kilometer
- 250 Höhenmeter
- 3–4 Stunden
- Strecke

Die Wupper floss schon vor 30 Millionen Jahren durch dieses Land. Damals mündete sie aber nicht in den Rhein, denn der existierte noch gar nicht. Ihren heutigen Verlauf nimmt sie seit immerhin 800.000 Jahren. Auf unserer „Zeitreise am Fluss“ werden uns Relikte aus den letzten 1000 Jahren begegnen – enorm viel Zeit für einen Menschen, aber nicht einmal 1 Prozent der Lebensdauer der heutigen Wupper.

Einst nannte man den Fluss wohl auf seinem ganzen Lauf Wipper. Erst im 17. Jahrhundert wurde die heutige Namensform üblich. Die Gegend am Fluss war in alten Zeiten kaum besiedelt, da sie eher ungünstige Lebensbedingungen bot. Erst im Mittelalter änderte sich das. In der Neuzeit wurde das Wasser der

Zeitreise am Fluss

Von Wuppertal nach Leichlingen

Wupper buchstäblich Triebkraft für die wirtschaftliche Entwicklung des Bergischen Landes. Wasserräder und später Turbinen lieferten die nötige Energie.

Wir starten am östlichen Ende des **P + R-Parkplatzes** am Bahnhof **Wuppertal-Vohwinkel.** Der **Zugangs-Radweg zur Nordbahntrasse** führt uns zur **Herderstraße,** auf der wir ihn nach rechts verlassen und abwärts bis zum **Goetheplatz** fahren. Hier geht es in die zweite Straße rechts, die **Schillerstraße,** an deren Ende wir scharf links in die **Kaiserstraße** einbiegen und unter der Schwebebahn entlangfahren. Die nächste Abbiegung rechts bringt uns in die **Buchenhofener Straße,** der wir entlang der Wupper auf einem Waldweg bis zu ihrem Ende folgen.

Wir fahren geradeaus in die Sackgasse und sehen links vor der Einfahrt zur Kläranlage Buchenhofen ein Kunstwerk von Ulrika Eller-Rüter mit dem Titel **„Der Witterung ausgesetzt" 1,** ein Bestandteil des Gesamtkunstwerks Wupper. Das ist ein Kunst- und Gesellschaftsprojekt, an dem Künstlerinnen und Künstler aus der Region mitarbeiteten. Die einzelnen Kunstwerke, die etwa an Uferbereichen, Firmengeländen oder Brücken platziert sind, sollen in einem lebendigen Dialog mit dem Umfeld stehen. Ziel ist, einen engen Bezug zwischen dem Leben der Menschen an der Wupper und der Kunst herzustellen.

Wir kehren zum Beginn der Sackgasse zurück. Eine Brücke über die Wupper führt uns auf den Radweg Richtung **Kohlfurth,** dem wir nach rechts folgen. Wir blenden die Autogeräusche von der nahen Straße aus und genießen eine geradezu idyllische Fahrt entlang der Wupper. Vor der Kohlfurth gibt es eine

Strandcafé Kohlfurth

Abbiegung rechts hinunter zur Wupper und durch eine Unterführung, sodass wir auf die Straße **Am Jakobsberg** kommen, auf der es rechts weitergeht. Über den nächsten Abzweig rechts erreichen wir die Straße **Kohlfurther Brücke.** Hier bieten sich – je nach persönlichem Geschmack – unterschiedliche Möglichkeiten, eine schöne Pause zu machen.

Das **Strandcafé** ❷ lädt ein zu Snacks, die man unter schattigen Bäumen verzehren kann oder auf Strandliegen im Sand direkt an der Wupper. Dabei hat man einen guten Blick auf die **Kohlfurther Brücke** ❸.

Die 1363 urkundlich erstmals erwähnte Kohlfurther Brücke bot jahrhundertelang die einzige Möglichkeit, die Wupper zwischen Solingen und Cronenberg trockenen Fußes zu überqueren. Die ursprüng-

Für die Seele

An der Wupper ist manches in Fluss gekommen, was sich vorher niemand träumen ließ. Ihre Ufer säumen Zeugnisse dessen, was die Zeit bewahrte und was wir schätzen.

liche Holzkonstruktion wurde 1714 durch eine steinerne Bogenbrücke ersetzt. Die heutige Stahlfachwerkträgerbrücke entstand 1893 und diente dem Straßenbahnbetrieb zwischen Elberfeld und Solingen. Die Straßenbahnen in und um Wuppertal umfassten nämlich einst zahlreiche Überlandlinien und stellten mit über 300 Kilometer Gesamtlänge das viertlängste Straßenbahnnetz Deutschlands dar. Die Brücke überlebte die Stilllegung der Strecke im Jahr 1969 und hat heute den Status eines Baudenkmals.

Im Jahr der Stilllegung liegen auch die Anfänge des **Bergischen Straßenbahnmuseums** ❹, das an die Vielfalt des Straßenbahnbetriebs im Bergischen Land erinnert. Es besitzt eine eigene Strecke, auf der regel-

Die derzeit befahrbare Strecke des ***Bergischen Straßenbahnmuseums*** *zwischen Kohlfurth und Greuel ist typisch für das ehemalige Überlandstraßenbahnnetz: Sie führt über weite Strecken durch Wald und überwindet dabei einen Höhenunterschied von rund 150 Metern.*

Der ***Diederichstempel*** *ist nach seinem Bauherrn August Diederichs benannt. Dieser ließ den Aussichtspavillon 1901 im neugotischen Stil mit siebeneckiger Grundform errichten. Diederichs wünschte, dass das Bauwerk stets der Öffentlichkeit zugänglich sein sollte.*

mäßig Straßenbahnfahrten stattfinden. Jährlich nutzen etwa 30.000 Besucher dieses Angebot, womit das Bergische Straßenbahnmuseum das am zweithäufigsten besuchte Museum Wuppertals ist.

Wir befahren nun die Kohlfurther Brücke und biegen danach links in den **Auer Weg** ein. Weiter geht es auf der **Kohlfurther Straße** bis hinter eine Unterführung. Dort bringt uns links eine Zufahrt auf den Radweg entlang der L 74, jetzt Richtung **Müngstener Brücke.**

Am Ende des Radwegs fahren wir entlang eines Parkplatzes und rechts auf die **L 74**. An der folgenden großen Ampelkreuzung überqueren wir die Solinger Straße und biegen halb links in einen Waldweg ein, der uns kurz dahinter links zum heute einzigen steilen Anstieg zwingt. Da der Weg schlecht befahrbar ist, gönnen wir uns hier 400 Meter Schieben und Plaudern.

Wir nehmen den ersten Weg scharf rechts und fahren jetzt mehrere Kilometer parallel zur unter uns liegenden Wupper nach Burg. Nach etwa einem Kilometer sollten wir es nicht versäumen, in einer leichten Linkskurve am Abhang rechts unten den **Diederichstempel** **5** zu besuchen. Von hier aus hat man einen fantastischen Blick auf das Bergische, das Tal der Wupper und die Müngstener Brücke.

Nicht weit dahinter bietet sich die Gelegenheit, einen großen Teil der Müngstener Brücke (siehe Tour 1, Seite 9), die hier das Tal überspannt, ganz aus der Nähe zu betrachten.

Nach einigen Metern halten wir uns rechts und fahren bergab bis ans Ufer der Wupper. Entspannt erreichen wir **Unterburg**, überqueren die Eschbachstraße und sehen in der nächsten Straße links, der **Schloßbergstraße,** das Lokal **Alte Kunst Weinkeller & Café** **6**.

Zurück auf der **Eschbachstraße,** fahren wir nach links und bleiben nach Überqueren der Wupper-Brücke nah am Fluss, indem wir von der Solinger Straße links abbiegen zur Talstation der Seilbahn und in die **Hasencleverstraße** fahren. Wir halten uns auf dem

Bergisches Straßenbahnmuseum

Balkhauser Kotten

*Das **Alte Kunst Weinkeller & Café** in einem Gebäude aus dem 17. Jahrhundert bietet sowohl Gastronomie als auch einen Weinverkauf. In angenehmem Ambiente werden 300 Weine, Kaffeespezialitäten sowie warme und kalte Köstlichkeiten von herzhaft bis süß angeboten.*

Weg immer links und kommen zur Kläranlage Burg, vor der wir den Waldweg nach rechts nehmen.

Vor 1800 gab es so viele Fische in der Wupper, dass das Gesinde von Schloss Burg sich weigerte, mehr als dreimal in der Woche Lachs zu essen. Zwischen 1841 und 2001 wurde aufgrund der Verschmutzung kein Lachs mehr in der Wupper gesehen. Die Kläranlage Burg trug mit dazu bei, dass im Unterlauf der Wupper bis Leichlingen heute wieder Barbe, Lachs, Hecht und Barsch zu finden sind.

Wir radeln immer parallel zur Wupper und benutzen die erste Brücke über den Fluss, um links auf die Straße **Strohn** zu kommen. Auf dieser fahren wir – jetzt links der Wupper – bis **Glüder,** wo wir nach rechts in den **Balkhauser Weg** einbiegen. Wir überqueren erneut die Wupper und kommen auf der rechten Flussseite zum **Schleifermuseum Balkhauser Kotten** 7.

Schon um 1600 stand hier ein erster Kotten. Er wuchs mit der Zeit zu einem Betrieb von beachtlicher Größe: Um 1920 arbeiteten hier 56 Schleifer und schliffen Messer und Scheren. Heute ist daraus ein aktives Museum geworden, in dem man einen Schleifer bei der Arbeit beobachten kann.

*Im 19. Jahrhundert arbeitete eine Unzahl von Mühlen, Schleifkotten und Hammerwerken am „fleißigsten Fluss Deutschlands", der **Wupper.** Ihr Gefälle von 400 Metern und die große Zahl von Zuflüssen boten hervorragende Bedingungen für die Nutzung der Wasserkraft.*

Bei der Weiterfahrt halten wir uns weiter links möglichst nahe an der Wupper. In **Wupperhof** erreichen wir den **Odentaler Weg,** in den wir rechts abbiegen, um sofort links in **Wüstenhof** zu fahren. Über **Heiler Kotten** geht es nach **Obenrüden,** wo wir in einem altbergischen Fachwerkhaus mit Biergarten bei einem Familienbetrieb einkehren können: der **Gaststätte Rüdenstein 8.** In deren Garten stehen einige Kunstgegenstände: eine Solinger Schere, ein Leichlinger Apfel, die Müngstener Brückenbank aus der Aktion „Die schönste Bank Solingens" und die „Freizeithelden" aus dem Kunst- und Gesellschaftsprojekt „Gesamtkunstwerk Wupper".

In Obenrüden sowie in Untenrüden, das wir als Nächstes erreichen, erläutern uns Informationstafeln die Vergangenheit der Gebäude im Ort. In Untenrüden lädt uns außerdem das **Café-Restaurant Haus Rüden** **9** ein.

Nachdem wir **Friedrichstal** und den **Hohlenpuhler Weg** hinter uns gelassen haben, kommen wir zu **Schleiferei und Museum Wipperkotten 10,** wo sich ein weiterer Stopp

Wipperkotten

Wupper-Radweg

lohnt. Etwa 1605 wurde der Kotten erstmals urkundlich erwähnt. Die günstige Lage – das Wasser wurde hier durch ein natürliches Wehr gestaut – nutzte ein Wuppertaler Fabrikant zum Bau des Doppelkottens, in dem viele Schleifer als Eigner oder Mieter Arbeit fanden.

Der Wipperkotten ist nicht in erster Linie Museum, sondern eine aktive Schleiferei mit historischer Technik. Im Laden finden wir kunsthandwerkliche Arbeiten verschiedener Künstler aus Holz, Glas und Edelstahl, Entwürfe vom Eierlöffel bis zum Küchenmesser sowie den bekannten bergischen Kottenkorn und die original bergische Dröppelminna.

Kurz dahinter liegt das **Restaurant Wipperaue** ⑪ mit bodenständiger regionaler Küche, dessen Ursprung auf das Jahr 1832 zurückgeht.

Bei der Fortsetzung unserer Tour fahren wir an der **Leichlinger Straße** nach links und überqueren die Wupper. Die **Nesselrather Straße** geht über in **Am Hammer,** wo wir rechts in **Eicherhof** abbiegen. Hier liegt **Schloss Eicherhof** ⑫, 1762 im französischen Barockstil erbaut, das heute als repräsentativer Veranstaltungsort dient.

Wir fahren ins Ortsgebiet von **Leichlingen** ein. Schon im 16. Jahrhundert spielte hier der Obstanbau eine große Rolle. Heute zieht der jährliche Obstmarkt Besucher aus der ganzen Region an. Seit 2013 trägt Leichlingen den Namenszusatz „Blütenstadt".

Vor dem Schulgelände geht es rechts bis zur Wupper, an der wir in Fließrichtung entlangfahren, bis wir sie an der nächsten Brücke überqueren. Wir folgen der Straße Pastorat und stoßen auf die **Brückenstraße.** Auf ihr radeln wir halb rechts weiter, überqueren eine Autostraße (Montanusstraße/Brückenstraße) und bewegen uns durch die Fußgängerzone zu **Im Brückerfeld,** bis es links abgeht zu einer Holzbrücke über die Wupper. Auf der anderen Flussseite steht der **Räucherrahmen für Fische.** ⑬

Zurück durch die Fußgängerzone erreichen wir wieder den für Autos freigegebenen Teil der **Brückenstraße,** in den wir links einbiegen, um dann sofort rechts der **Bahnhofstraße** zu folgen. Wir befahren sie bis zur **Uferstraße**, biegen links ein und nehmen dann sofort die Straße rechts **Am Bahnhof,** womit wir unser Tagesziel erreicht haben.

Für die Stadt Leichlingen war der Fischreichtum der Wupper derart wichtig, dass sie im Wappen unter dem bergischen Löwen einen Fisch abbildet. Eine 7. Klasse der Hauptschule Leichlingen hat das „Gesamtkunstwerk Wupper" um einen ***Räucherrahmen für Fische*** *bereichert.*

Wuppertal
Varresbeck
Sonnborn
Vohwinkel
Gräfrath
Cronenberg
Haan
Berghausen
Stöcken
Sudberg
Solingen
Reinshagen
Burg
Odentaler Weg
Lacher Straße
Wupper
Kirchstraße
Leichlingen (Rheinland)
L 418
L 74
L 294
DB
P
224
535
228
7
46
229
1
51
1
2
3
4
5
6
7
8
9
10
11
12
13

WIE & WANN:
Überwiegend befestigte oder asphaltierte Wege; beste Radelzeit März bis Oktober; ideal für Einsteiger, Kinder und Genussradler

HIN & WEG:
Start: P + R Bf. Wuppertal-Vohwinkel am östlichen Ende (GPS: 51.23478, 7.07577)
Auto: P + R-Parkplatz Bahnhof Wuppertal-Vohwinkel
ÖPNV: Diverse RE-, RB- und S-Bahn-Linien bis Wuppertal-Vohwinkel
Ziel: Bf. Leichlingen; Rückfahrt: RB 48 bis Wuppertal-Vohwinkel

ESSEN & ENTSPANNEN:
Strandcafé ❷ Kohlfurther Brücke 56, 42349 Wuppertal, Tel. (02 02) 47 38 65, www.strandcafe.de (März bis Okt. bei gutem Wetter Mo.–Fr. ab 14, Sa./So. ab 10 Uhr)
Alte Kunst Weinkeller & Café ❻ Schloßbergstraße 8, 42659 Solingen-Unterburg, Tel. (02 12) 24 92 95 49, www.altekunst-burg.de (Fr.–So. 10–19 Uhr)

Entspannungsfaktor ★★★★★
Genussfaktor ★★★★☆
Romantikfaktor ★★★★☆

Gaststätte Rüdenstein ❽ Obenrüden 72, 42657 Solingen, Tel. (02 12) 81 23 14, www.ruedenstein.de (Mi.–Sa. ab 11.30, So. ab 10 Uhr)
Café-Restaurant Haus Rüden ❾ Untenrüden 39, 42657 Solingen, Tel. (02 12) 81 86 58, www.hausrüden.de (Mo.–Mi., Fr., Sa. ab 11.30, So. ab 10 Uhr)
Restaurant Wipperaue ⓫ Wipperaue 3, 42699 Solingen, Tel. (02 12) 23 36 27-0, www.wipperaue.de (Mi.–So. 12–23 Uhr)

ENTDECKEN & ERLEBEN:
Kunstwerk Der Witterung ausgesetzt ❶ **Kohlfurther Brücke** ❸
Bergisches Straßenbahnmuseum ❹ Kohlfurter Brücke 57, 42349 Wuppertal, Tel. (02 02) 47 02 51, www.bmb-wuppertal.de (Museum Sa. 11–17 Uhr; Museum und Fahrbetrieb Apr. bis Okt. 2. und 4. So. im Monat) **Diederichstempel** ❺ **Schleifermuseum Balkhauser Kotten** ❼ Balkhauser Kotten 2, 42659 Solingen, Tel. (02 12) 3 83 54 53, www.balkhauser-kotten.de (Di.–So. 10–17 Uhr)
Schleiferei und Museum Wipperkotten ❿ Wipperkotten 2, 42699 Solingen, Tel. (02 12) 6 45 71 66, www.wipperkotten-schleiferei.de (Apr. bis Okt. 1. und 3. So. im Monat 14–16 Uhr)
Schloss Eicherhof ⓬ **Kunstwerk Räucherrahmen für Fische** ⓭

- 44 Kilometer
- 260 Höhenmeter
- 4 Stunden
- Rundtour

Heideweiher

Die Bergische Heideterrasse ist ein 3 bis 5 Kilometer breites und 80 Kilometer langes Band am Fuß des Bergischen Landes, das sich von Duisburg bis Siegburg erstreckt. Nach und nach wurden die damals dort stehenden Laubwälder abgeholzt und beispielsweise von Schäfern als Weide genutzt, sodass Heideland entstand. In jüngerer Zeit hat man viele Heideflächen entwässert und aufgeforstet. Zusammen mit Bruchwäldern, die sich in einigen sehr nassen Bereichen wieder ausbreiteten, wurden die verbliebenen Heidegebiete in unserer Zeit zu Naturschutzgebieten erklärt. Unsere Radtour führt größtenteils durch solche Landschaften.

Wald und Heide

Die Bergische Heideterrasse

Wir starten an der **Bushaltestelle Am Lindenplatz** in Hilden und biegen sofort links ab in die **Baustraße.** Dieser folgen wir, bis es ein Stück hinter einer Bahnunterführung rechts abgeht in die **Pungshausstraße.** An deren Ende überqueren wir an einer Ampel die Walder Straße und fahren halb rechts in den Weg **Kalstert**, der unter der A 3 hindurchführt. Vorbei an einem Reiterhof biegen wir anschließend links ab in die **Lievenstraße** und sofort wieder links in den **Prießnitzweg.** Vor der Spielplatzeinfahrt biegen wir rechts in einen Waldweg, dessen Verlauf wir bis zur **B 228 (Elberfelder Straße)** folgen. Dort fahren wir auf dem Radweg nach rechts bis zu einer Ampel, überqueren die Straße und sehen halb rechts das **Restaurant Zwölf Apostel in der Waldschenke Hilden** **1** mit vielfältigem und sehr reichhaltigem Angebot.

Links führt uns ein Waldweg zum Waldbad Hilden, das wir links liegen lassen. Wir fahren entlang eines Teichs, der rechts von uns liegt, und biegen in den zweiten Waldweg links ein, der uns schnurgerade 1 Kilometer weit in den Hildener Wald bringt. Bevor er den ersten Bogen macht, fahren wir mit dem Wegzeichen **Neanderthal/X/A 2** nach rechts und folgen einem Waldpfad, während zu unserer Linken ein Bach plätschert. Vor Verlassen des Waldes biegt der Weg im rechten Winkel nach rechts ab und führt schnurgerade wieder bis zur **B 228 (Elberfelder Straße).** Wir überqueren diese vorsichtig und erreichen nach einer kurzen Steigung den **Jaberg** ❷ rechts von uns. Er ist mit 106 Metern der höchste Punkt Hildens, hat einen 1931 erbauten Aussichtsturm und bietet einen Blick über die Heideterrasse im Süden.

*Der **Drei-Insel-Teich** ist ein natürlicher Heideweiher, der 1920 durch Menschenhand erweitert wurde. Mit ein wenig Geduld lassen sich vom Beobachtungsstand aus Kanadagänse, Eisvögel und Wasserfledermäuse entdecken.*

Bei der Weiterfahrt sehen wir links von uns am

Wegesrand einen Infokasten zum Thema **Bruchwald** ③. Um uns herum erblicken wir ein sehr gutes Beispiel für solch einen Bruchwald.

Infokästen dieser Art werden bei unserer Tour immer wieder auftauchen und sind eine ausgezeichnete Möglichkeit, Wald und Heide nicht nur zu erleben, sondern auch zu verstehen.

An der kleinen Steinbrücke biegen wir rechts ab und folgen einem Waldweg, bis wir wieder die **Lievenstraße** erreichen. Hier biegen wir jetzt links ab, überqueren Kalstert und die Walder Straße und fahren auf **Am Heidekrug** in die **Beckersheide.** Hinter einer Bahnunterführung und dem Infokasten „Naturschutzgebiet Ohligser Heide" fahren wir halb links über eine Holzbrücke. Wir halten uns links und nehmen den

*„Bruch" bedeutet im rheinischen Volksmund „sumpfiges Gebiet". In einem **Bruchwald** wachsen Schwarzerlen und Moorbirken bei hohem Grundwasserspiegel. Wegen der Nässe werden heruntergefallenes Laub und Äste nicht vollständig zersetzt und bilden stattdessen Torfschichten.*

Für die Seele

Eine Kurzreise für Körper, Seele und Geist. Wir lassen uns anregen, die Elemente Luft, Wasser und Erde mit allen Sinnen zu erleben und zu verstehen.

ersten Heideweg links, der uns genau auf den **Drei-Insel-Teich** ④ zuführt, an dem etwas links von uns ein Beobachtungsstand liegt.

Unsere Tour führt jedoch rechts weiter. Wir folgen einem Waldweg bis zum Heideweiher und dem kurz dahinter liegenden Freibad **Heidebad.** Radfahrer haben die Möglichkeit, auf dem Gelände des Bads ohne Eintrittsgeld Essen und Getränke zu sich zu nehmen.

Bei der Weiterfahrt halten wir uns an einer Gabelung links, später rechts und kommen zur Straße **Engelsberger Hof.** Wenn wir ihr kurz nach links folgen, erreichen wir die **Schlesische Schänke im Engelsberger Hof** ⑤, in der wir eine längere Pause einlegen könnten.

Die stilvolle ***Schlesische Schänke im Engelsberger Hof*** *mit ihrem prächtigen Biergarten lädt mit hausgemachten traditionellen Köstlichkeiten zu einer kulinarischen Reise nach Schlesien ein, verwöhnt ihre Gäste aber auch gern mit internationalen Gerichten.*

An der Stelle, an der wir die Straße erreicht hatten, fahren oder schieben wir mit unseren Rädern in einen Pfad auf der gegenüberliegenden Seite, der kurz danach zu einem breiten Weg wird und uns links an einem riesigen Spielplatz und einer alten Lokomotive vorbeiführt. Den breiten Waldweg, den wir jetzt erreichen, fahren wir links abwärts bis zur Kreuzung mit dem Weg **Götsche.** Hier biegen wir links ab und nehmen kurz dahinter rechts einen weiteren Waldweg, der uns zu einer sternförmigen Kreuzung bringt. Hier heißen alle Abzweigungen **Krüdersheide**. Wir fahren geradeaus weiter und halten uns im folgenden Wohngebiet halb rechts. Bis zu einer Rechtskurve bewegen wir uns in **Zur Schwanenmühle.** Dann folgen wir einem Feldweg geradeaus, der uns zur **Haus Gravener Straße** und einem Segelfluggelände führt. Wir fahren nach links, entlang dem Gelände bis zu einem Hinweisschild, das uns nach rechts Richtung **„Segelflugplatz/Wasserburg“** weist. Wir biegen hier in den **Graf-von-Mirbach-Weg** ein und erreichen nach kurzer Zeit den Eingang zum **Segelflugplatz 6.**

An der nächsten Abzweigung geht es links in **Zur Wasserburg.** Geradeaus werden die Kirchstraße und die Verbindungsstraße überquert. **An der Schlieperstraße** biegen wir rechts ab und radeln bis zur Straße **Kirschbaum,** auf der wir links weiterfahren. Der nächsten Straße rechts, **Im Bremsekamp,** folgen wir bis zum Infokasten **Feuchtwiese 7,** an dem es links abgeht.

Bald überqueren wir die B 229 (Hardt/Elberfelder Straße) und fahren geradeaus am Hotel Grafenberg und einem Wildgehege vorbei bis zu einer Bahnlinie, vor der wir rechts einbiegen und **Auf dem Kurzenbruch** folgen. Dieser geht über in **Heiderhöfchen.** An der nächsten Abzweigung fahren wir links in den **Alfred-Stursberg-Weg.** Wir überqueren den Kapeller Weg und sehen sofort links den Infokasten **Trockenheide 8.**

***Feuchtwiesen** lieferten früher den Bauern Futter und Stalleinstreu für ihr Vieh. Sie sind Lebensraum für zahlreiche seltene Tiere und bestimmte Pflanzenarten. Als das wenig ertragreiche Mähen unterblieb, verschwanden die Tiere und Pflanzen. Daher wird heute wieder gemäht.*

Segelflugplatz

Trockenheide

Zur Pflege der Heide ziehen im Sommer eine Wanderschafherde und Ziegen durch das Gebiet und fressen das Gras zwischen den Heidepflanzen. Junge Büsche und Bäume werden im Rahmen von Naturschutzarbeiten von Hand entfernt. Ohne regelmäßige Nutzung wächst die Heide mit Gras, Büschen und Bäumen zu und wird zum Wald. Kleine Heideflächen, die zwischen den größeren Heidegebieten liegen, haben die gleiche Wirkung wie Trittsteine in einem Bach: Sie ermöglichen Tieren und Pflanzen den Wechsel von einem Gebiet in ein anderes.

Am Ende des links von uns liegenden Waldgebietes biegen wir nach links in **Am Kellerhansberg,** erreichen jetzt das Stadtgebiet von **Leichlingen** und folgen der Straße bis zu einer T-Kreuzung. Dort fahren wir nach rechts in **Unterschmitte** und sofort wieder links in die **Hochstraße.** Vor der Bahnlinie geht es rechts auf **Im Tiergarten** weiter und an der **Moltkestraße** links in die Unterführung. Am Ende der Straße radeln wir links auf der **Brückenstraße** bis hinter die Wupperbrücke. Am Kreisverkehr nehmen wir rechts die **Neukirchener Straße,** von der aus wir sofort wieder rechts fahren und auf den **Hans-Karl-Rodenkirchen-Weg** entlang der Wupper gelangen. Nachdem wir die Wupper mit einem scharfen Linksbogen verlassen haben, überqueren wir die Oskar-Erbslöh-Straße, folgen ein wenig der Straße **Balken** und biegen links ab in **Am Murbach.** Wir befinden uns im idyllisch gelegenen Leichlinger Murbachtal. Nach kurzem Anstieg erreichen wir den **Skulpturenpark SinnesWald ⑨,** fernab von Verkehrslärm und Alltagsstress auf dem Gelände einer historischen Spinnerei gelegen.

250 Meter weiter bergauf liegt die Gaststätte **Wietsche-Mühle ⑩,** wo einfache oder deftige Gerichte die richtige Stärkung für die Weiterfahrt gewähren.

Erst geht es zurück bis zur Straße **Balken,** an der wir links abbiegen und zur **Oskar-Erbslöh-Straße** gelangen, der wir nach links auf dem Radweg etwa 500 Meter folgen. Dort zweigt der **Lucasweg** rechts von der Straße ab. Er hat eher den Charakter eines steinigen

*Der **SinnesWald** ist eine Galerie in freier Natur: Künstlerinnen und Künstler der Region präsentieren ihre Skulpturen in Steinbrüchen, im Wald und entlang eines Baches. So entsteht ein überraschendes Miteinander von Wald und Kultur, das mit allen Sinnen erlebt sein will.*

Single-Trails für Mountainbiker als eines bequemen Weges für Genussradler. Wir fahren oder schieben langsam etwa 1 Kilometer an der Wupper entlang – angesichts der Alternativen in diesem Bereich die beste Lösung. Außerdem können wir mehrere Pausen einlegen und die Gelegenheit nutzen, mit unseren Sinnen nicht nur Wald und Heide, sondern auch einen Fluss aufzunehmen.

Wenn wir die **Fußgänger- und Radlerbrücke über die Wupper** erreichen, sehen wir über uns auch die „große Schwester", eine Eisenbahnbrücke, über die die Züge zwischen Köln und Wuppertal fahren. Wir haben den südlichsten Punkt unserer Radtour erreicht und bewegen uns ab jetzt wieder nach Norden, allerdings etwas weiter westlich als auf der Hinfahrt.

Nach Benutzung der Brücke bleiben wir neben der Eisenbahnlinie bis zu einer Unterführung. Dort biegen wir links ab in den **Hülserweg** und folgen diesem

Brücken über der Wupper

bis **Rothenberg.** Hier fahren wir nach links und machen nach rechts einen großen Bogen in **Am Rombergsweiher.** Diese Straße verlassen wir nach links parallel zur Eisenbahnlinie und kommen zur L 294 **(Reusrather Straße/Trompeterstraße).** Auf dieser überqueren wir die Autobahn A 3 und biegen danach rechts ab in die **Alte Schulstraße,** der wir folgen, bis links die **Reusrather Straße** (eine andere, sie gehört zu Langenfeld) einmündet. Dort geht es für uns rechts ab, sodass rechts von uns die Dückeburg liegt. Diese Wasserburg wurde im 15. Jahrhundert gebaut und durch einen Brand 1975 zerstört. Auf ihren Mauern wurde dann eine Hofanlage gebaut, die seit 2004 als Wohnanlage genutzt wird.

Von der Reusrather Straße aus geht es noch vor der Autobahnunterführung auf einen Weg rechts, der hinter der Bahnlinie einen scharfen Knick nach links macht. Rechts von uns liegt jetzt das Further Moor, das nicht betreten werden darf und nicht durch Wege erschlossen ist. Der Biotopverbund zwischen dem Further Moor und den nördlich gelegenen Heidegebieten wird durch die Beweidung mit einer etwa 300 Tiere zählenden Wanderschafherde verbessert: Pflanzensamen bleiben in der Wolle der Tiere hängen und werden so von einem Gebiet ins nächste transportiert. Auch kleine Tiere wie Heuschrecken und sogar Eidechsen können das „Schaftaxi“ nutzen.

Vor der A 542 geht der Weg nach rechts, wo wir entlang der Autobahn fahren, die Bergische Landstraße überqueren und nach einer Unterführung in den **Rudolf-Kronenberg-Weg** kommen. Diesen befahren wir bis zum **Heiderhöfchen,** wo wir rechts abbiegen, erneut die Autobahn überqueren und links in **Am Brüngersbroich** einbiegen. Nach Überquerung der B 229 (Hardt) gabelt sich der Weg, wir folgen rechts dem **Feldhauser Weg.** Dieser geht über in **Feldhausen** und endet an der **Tiefenbruchstraße,** in die wir auf dem gegenüberliegenden Radweg nach rechts einbiegen. Die nächste Straße links heißt **Im Schwanenfeld** und führt uns zur **Wasserburg Haus Graven ⑪.**

Wasserburg Haus Graven

Die Anfänge der Wasserburg liegen vermutlich im 13. Jahrhundert. Ende 2010 mietete die Stadt Langenfeld die Anlage und übergab sie dem Verein „Wasserburg Haus Graven e. V." zur kulturellen Nutzung. Seitdem gibt es hier unter anderem ein **Burgcafé** und Ausstellungen.

Bei der Weiterfahrt liegt rechts neben uns wieder der Segelflugplatz, dann überqueren wir die **Haus Gravener Straße** und fahren an der **Schwanenmühle** vorbei. Hier hängt ein weiterer Infokasten. Nach Überquerung von Wafert/Krüdersheide erreichen wir den **Spielplatz Engelsberger Hof.** Auf dem Hinweg haben wir die Anlage schon einmal auf der anderen Seite passiert.

An der Straße **Engelsberger Hof** fahren wir links und sofort rechts auf einen Waldweg, an dem ein Heidegarten mit Infokasten und Heide-Lehrpfad liegen. Unsere Weiterfahrt führt uns entlang von Heideflächen an einem weiteren Infokasten vorbei zu der Holzbrücke, die wir vom Hinweg her kennen. Hinter dieser biegen wir links ab, fahren durch die Unterführung und folgen dahinter der Straße **Krabbenburg.** Die nächste Straße rechts heißt **Breddert.** Wir biegen in sie ein, fahren dann links ab und sofort halb rechts auf einen Spazierweg. Erst kommen wir durch ein Spielplatzgelände und dann entlang eines sehr schönen Bachwegs bis zur **Lindenstraße.** In diese biegen wir rechts ein, um ihr bis zu unserem Ausgangspunkt, dem **Lindenplatz,** zu folgen.

Spielplatz Engelsberger Hof

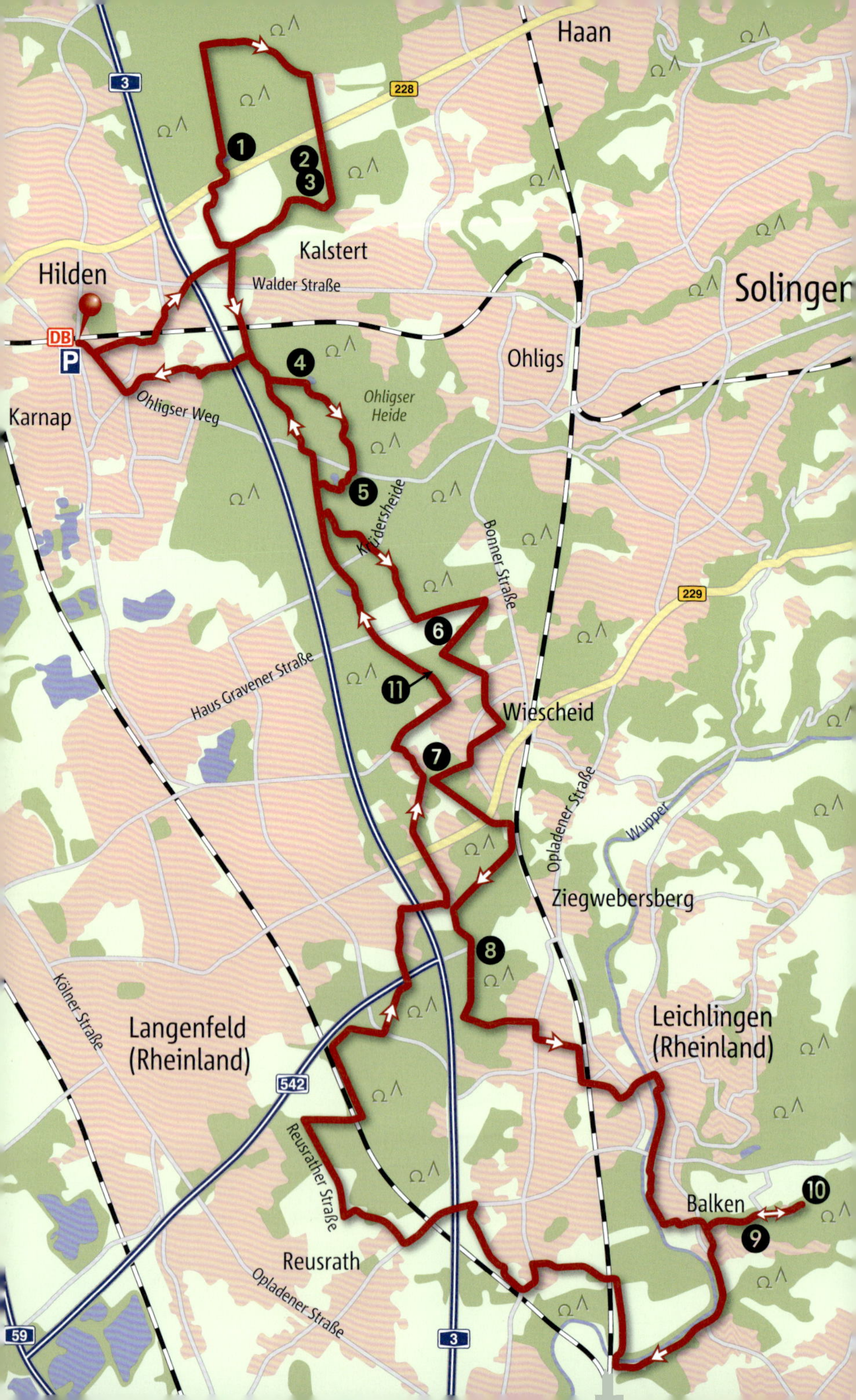
Haan
Hilden
Kalstert
Walder Straße
Solingen
Ohligs
Karnap
Ohligser Weg
Ohligser Heide
Krüdersheide
Bonner Straße
Haus Gravener Straße
Wiescheid
Opladener Straße
Wupper
Ziegwebersberg
Leichlingen (Rheinland)
Langenfeld (Rheinland)
Kölner Straße
Reusrather Straße
Reusrath
Opladener Straße
Balken
DB
P
3
228
229
542
59
1
2
3
4
5
6
7
8
9
10
11

WIE & WANN:

Überwiegend befestigte oder asphaltierte Wege; beste Radelzeit März bis November; ideal für Einsteiger, Kinder und Genussradler

HIN & WEG:

Auto: P + R Lindenplatz, Lindenplatz, 40723 Hilden (GPS: 51.16274, 6.94109)
ÖPNV: S 7 bis Hilden-Süd

ESSEN & ENTSPANNEN:

Restaurant Zwölf Apostel in der Waldschenke Hilden ❶ Elberfelder Straße 175, 40721 Hilden, Tel. (0 21 03) 82 72, www.waldschenke-hilden.de (Mo.–Do. 11–23, Fr., Sa. 11–24, So. 11–22 Uhr)
Schlesische Schänke im Engelsberger Hof ❺ Engelsberger Hof 10, 42697 Solingen, Tel. (02 12) 2 24 45 00, www.schlesische-schaenke.de (Mi., Do. 17–21, Fr. 15–21, Sa. 13–22, So. 12–21 Uhr)
Wietsche-Mühle ❿ Wietsche 21, 42799 Leichlingen, Tel. (0 21 75) 21 08 (Mi.–Mo. 14–22.30 Uhr)

Entspannungsfaktor ★★★★☆
Genussfaktor ★★★★☆
Romantikfaktor ★★★★☆

Burgcafé Burgstube in der Wasserburg Haus Graven ⓫ Haus Graven 1, 40764 Langenfeld, Tel. (02 12) 26 76 00, www.haus-graven.de (Mai bis Okt. Mi.–Fr. 13–18, Sa./So. 11–18 Uhr)

ENTDECKEN & ERLEBEN:

Jaberg Hilden ❷
Bruchwald ❸
Drei-Insel-Teich ❹
Segelflugplatz ❻
Feuchtwiese ❼
Trockenheide ❽
Skulpturenpark SinnesWald ❾ Wietsche 1, 42799 Leichlingen, (0 21 75) 28 54, www.sinneswald.de
Wasserburg Haus Graven ⓫ siehe ESSEN & ENTSPANNEN

Bunte Kerke Wehrkirche Müllenbach

- 40 Kilometer
- 380 Höhenmeter
- 4 Stunden
- Strecke

Erfrischungstour 11

Augen-Blicke

Von Marienheide nach Dieringhausen

Die heutige Tour führt uns an der Brucher Talsperre, der Genkeltalsperre, an der Aggertalsperre und sehr häufig an den Flüssen Agger und Dörspe entlang. Während unterwegs rechts von uns der höchste Punkt des Naturparks Bergisches Land, der Unnenberg mit einem Aussichtsturm (536 Meter über Normalnull auf der Aussichtsplattform), liegt, können wir links mit einem der vielen Weitblicke die sehr schön gelegene Genkeltalsperre betrachten.

Wir beginnen unsere Tagesreise am Bahnhof Marienheide. Am Ende der **Bahnhofstraße** biegen wir links ab in die **Hauptstraße** und sofort rechts in die **Klosterstraße.** Ihr folgen wir, bis uns die **Brucher Straße** rechts zur **Brucher Talsperre** führt. Dem rechten Ufer entlang erreichen wir rechts **Rogers Restaurant** ❶ und links am Ufer gelegen **Tapas Alhambra** ❷**.** Dort liegt auch eine **Badestelle an der Brucher Talsperre** ❸**,** sodass alle auf ihre Kosten kommen können: die Liebhaber von äußerer Nässe genauso wie die Liebhaber von innerer Nässe.

> **!**
>
> *Seit 2011 wurden* ***Badestellen an der Brucher Talsperre*** *eingerichtet, an denen das Baden auf eigene Gefahr erlaubt ist. Eine Badeaufsicht ist nicht vorhanden. Aktuelle Messungen an verschiedenen Stellen ergaben immer eine sehr gute Badegewässerqualität.*

Es geht jetzt ein Stück bergauf; oben überqueren wir im Kreisverkehr die Müllenbacher Straße und fahren in die **Graf-Albert-Straße,** die uns in den Ort **Müllenbach** bringt. Wir radeln durch den Ort, bis links die **Kirchstraße** abgeht. Gleich nachdem wir abgebogen sind, bringt uns rechts eine Zufahrt zur **Bunte Kerke Wehrkirche Müllenbach** ❹**.**

Die dreischiffige romanische Pfeilerbasilika aus dem 12. Jahrhundert ist noch fast im Originalzustand. Sie wurde als Wehrkirche erbaut. „Bunte Kerke" heißt sie, da sie mit biblischen Motiven ausgemalt wurde. Das hatte den Zweck, der bäuerlichen Bevölkerung, die weder lesen noch schreiben konnte, wichtige Inhalte der Heiligen Schrift zu vermitteln. Einige Wandmalereien aus dem 14. Jahrhundert sind wieder freigelegt worden.

Bei der Weiterfahrt durch die Einbahnstraße **Kirchstraße** dürfen wir nicht der Versuchung erliegen, talabwärts weiterzurollen. Ein Schwenk nach links in die Straße **Am Markt** und die Fahrt geradeaus in die **Gervershagener Straße** halten uns auf einer Höhe, die weite Blicke ermöglicht.

An einer Kreuzung bei den letzten Häusern des Ortes fahren wir nach rechts in die **L 337 (Unnenberger Straße).** Wir verlassen sie erst in der Ortseinfahrt von **Dannenberg** nach links in den **Höhenweg.** Auch wenn es noch etliche Meter nach oben geht, lohnt sich dieser Abstecher wegen des fantastischen Blicks ins Bergi-

Bunte Kerke Lieberhausen

sche. Am Ende des Höhenwegs halten wir uns halb rechts und erreichen die Straße **An der Dannemicke**, der wir zurück zur L 337 folgen. Bei der nun folgenden Abfahrt rollen wir gemächlich, um die tollen Ausblicke nach links auf die Genkeltalsperre zu genießen.

Rechts von uns liegt der Unnenberg, die höchste Erhebung im Bergischen Naturpark. Wir fahren durch den gleichnamigen Ort steil bergab nach **Lantenbach** und stoßen auf die **L 323 (Meinerzhagener Straße)**, der wir nach links folgen. Entlang der Aggertalsperre und am Rande des Ortes **Bredenbruch** vorbei fahren wir bis zum Damm **Am Vorbecken** auf der rechten Seite, der uns vom Autoverkehr weg und nach **Bruch** bringt.

Im **Naturfreibad Bruch** ⑤ warten auf uns eine große Liegewiese, ein kleiner Sandstrand, ein Spielplatz, ein Schwimmerbecken und glasklares Wasser mit einer nachgewiesen hohen Wasserqualität. Außerdem besteht die Möglichkeit, eine Sonnenliege oder einen Klappliegestuhl auszuleihen und Tischtennis zu spielen. Wer die malerischen Ufergebiete bei Bruch und Deitenbach mit dem Boot erkunden möchte, findet einen kleinen Tretboot- und Ruderbootverleih.

Um zum „Leckerbissen“ Lieberhausen zu kommen, bleibt uns ein 1 Kilometer langer, steiler Anstieg über den **Rosenthaler Weg** nicht erspart. Oben angekommen, können wir die Schönheit der berühmten **Bunte Kerke Lieberhausen** ⑥ ebenso genießen wie die Angebote im **Landgasthof Reinhold** ⑦.

Die Gemälde in der Kirche zu den Zehn Geboten sollten die Predigten anschaulich unterstützen. Viele

*Der Lieberhäuser Eierkuchen aus oberbergischen Eiern im **Landgasthof Reinhold** ist so hoch wie eine Sahnetorte. Das geheime Rezept wird mündlich von Generation zu Generation überliefert. Es gibt eine herzhafte Variante mit Speck und eine süße mit Zimtzucker und Preiselbeeren.*

Für die Seele

Wir verwöhnen die Augen durch nahe Blicke auf Malereien in den Bunte Kerken und weite Blicke ins Bergische Land mit seinen Talsperren, Flüssen, Tälern und Höhen.

Panoramablick Genkeltalsperre

Bibelsprüche wurden auf kleinen Täfelchen angebracht. Als einmalig im Rheinland und im Bergischen Land gilt, dass vor- und nachreformatorische Malereien nebeneinander zu betrachten sind (siehe Tour 12, S. 145).

Wir fahren unterhalb des Landgasthofs Reinhold vorbei und schwenken nach rechts in die **L 322 (Pernzestraße)** ein. Vor **Niederrengse** halten wir uns an die Beschilderung **Panoramaradweg** und biegen rechts und kurz danach scharf links ab, um zur **L 173 (Lieberhausener Straße)** zu kommen. Auf ihr rollen wir durch **Pernze** und zur **B 55,** in die wir links einbiegen. 700 Meter weiter geht es am **Belmicker Weg** rechts. Kurz danach fahren wir scharf rechts und sind auf dem **Alleenradweg Aggertalbahn** Richtung **Bergneustadt.**

Naturfreibad Bruch

Bei einer Restaurierung im Jahr 1962 wurde die ***Bunte Kerke Wiedenest*** *weitgehend in den Originalzustand zurückversetzt. Die aus dem 15. Jahrhundert stammenden Wandmalereien beziehen sich zum Teil auf die Kreuzlegende, denn einst gab es hier eine Wallfahrt zu einer Kreuzreliquie.*

Zunächst führt der Weg parallel zur Dörspe, die in Bergneustadt in die Agger mündet. Schon ab hier finden wir immer wieder Infotafeln, die von Schienen gehalten werden und über die Industriegeschichte des Dörspe- und Aggertals informieren.

Hinter **Wiedenest** sehen wir rechts unter uns eine kleine, idyllisch gelegene weiß getünchte Kirche. Hier lohnt sich ein weiterer Aufenthalt, denn es handelt sich um die dritte der Bunte Kerken, die **Bunte Kerke Wiedenest** (8). Abseits vom eigentlichen Ort auf einem Hangvorsprung im Dörspetal gelegen, schließt sie sich mit zwei Fachwerkhäusern zu einem der schönsten Kirchspiele des Rheinlands zusammen. Nahe der Kirche liegt der „heilige Brunnen", aus dem unaufhörlich klares kaltes Wasser fließt.

Nicht weit entfernt von der Bunte Kerke erreichen wir **Bergneustadt** (9). Bei der Erstnennung der Stadt 1301 lautete die Schreibung „Niestat". Sehenswürdigkeiten sind die Altstadt mit ihren Fachwerkhäusern und dem Losemundbrunnen. Dieser, zwischen dem

Hotel Feste Neustadt und der Alten Kaffeestube (Hauptstraße 21) gelegen, hat ein achteckiges Bassin aus Muschelkalk. Auf einer Säule sehen wir Frauenplastiken mit Eimer und Krug: „Minchen und Jettchen". Sie symbolisieren Waschfrauen, die auch die „dreckige Wäsche" in der Stadt gewaschen haben.

Bei der Stadtdurchfahrt halten wir uns möglichst an die Beschilderung des **Alleenradwegs Aggertalbahn.** Wenn wir Bergneustadt hinter uns gelassen haben, erreichen wir in **Derschlag** die **Turmstraße,** biegen rechts ab und sofort links in die **Südstraße,** wo der alte Bahnhof Derschlag links von uns liegt. Kurz nach dem Zweiten Weltkrieg wurde dieser als „Wollbörse" bekannt, weil er zum Treffpunkt der von weit her anreisenden Tauschinteressenten wurde. Damals erhielten die Mitarbeiter in verschiedenen Firmen sogenannte Deputate: Ihr Lohn wurde teilweise in Naturalien ausgezahlt. Dadurch blühte der Tauschhandel, hier etwa wurden Tabak, Kaffee und Lebensmittel gegen Wolle eingelöst.

Nun folgt eine sehr schöne Strecke. Immer wieder klären Infoschilder über die Industrie- und Siedlungsgeschichte auf, außerdem laden Rastplätze zum Verweilen ein. Eine ehemalige Eisenbahnbrücke, über die wir fahren, ist ein Hingucker und über **Krummenohl** erreichen wir **Remmelsohl.** Ab jetzt teilen wir uns den Weg wieder mit dem Autoverkehr.

Über die **Remmelsohler Straße** kommen wir zur **L 136 (Vollmerhauser Straße),** der wir auf dem Radstreifen nach links folgen und die in die **Dieringhauser Straße** übergeht. Wir kommen zum **Bahnhof Dieringhausen** auf der rechten Seite und können uns entscheiden, ob wir hier unsere Tour beenden oder noch einen Besuch des Eisenbahnmuseums Dieringhausen ⑩ anhängen.

Für Letzteres fahren wir noch weiter und biegen in die nächste Straße rechts ein, die **Hohler Straße.** Herzstück des Museums ist der historische Lokschuppen mit elf Ständen aus dem Beginn des 20. Jahrhunderts mit dazugehöriger Drehscheibe.

!

***Bergneustadt** war bis 1995, als die Firma nach Reichshof umzog, Sitz der Ralf Bohle GmbH (früher Schwalbe). Sie wurde berühmt durch ihren Marathon-Plus-Reifen. Dank seines patentierten Pannenschutzgürtels ist er nahezu „unplattbar".*

!

*Das **Eisenbahnmuseum Dieringhausen** besitzt noch alle Anlagen eines Dampf-Bahnbetriebswerks: Drehscheibe, Sturzbekohlung, Wasserkräne, Werkstätten. Bei Fahrten mit der Dampflok „Waldbröl" vom Museum aus nach Wiehl kann man sich am historischen Fahrbetrieb erfreuen.*

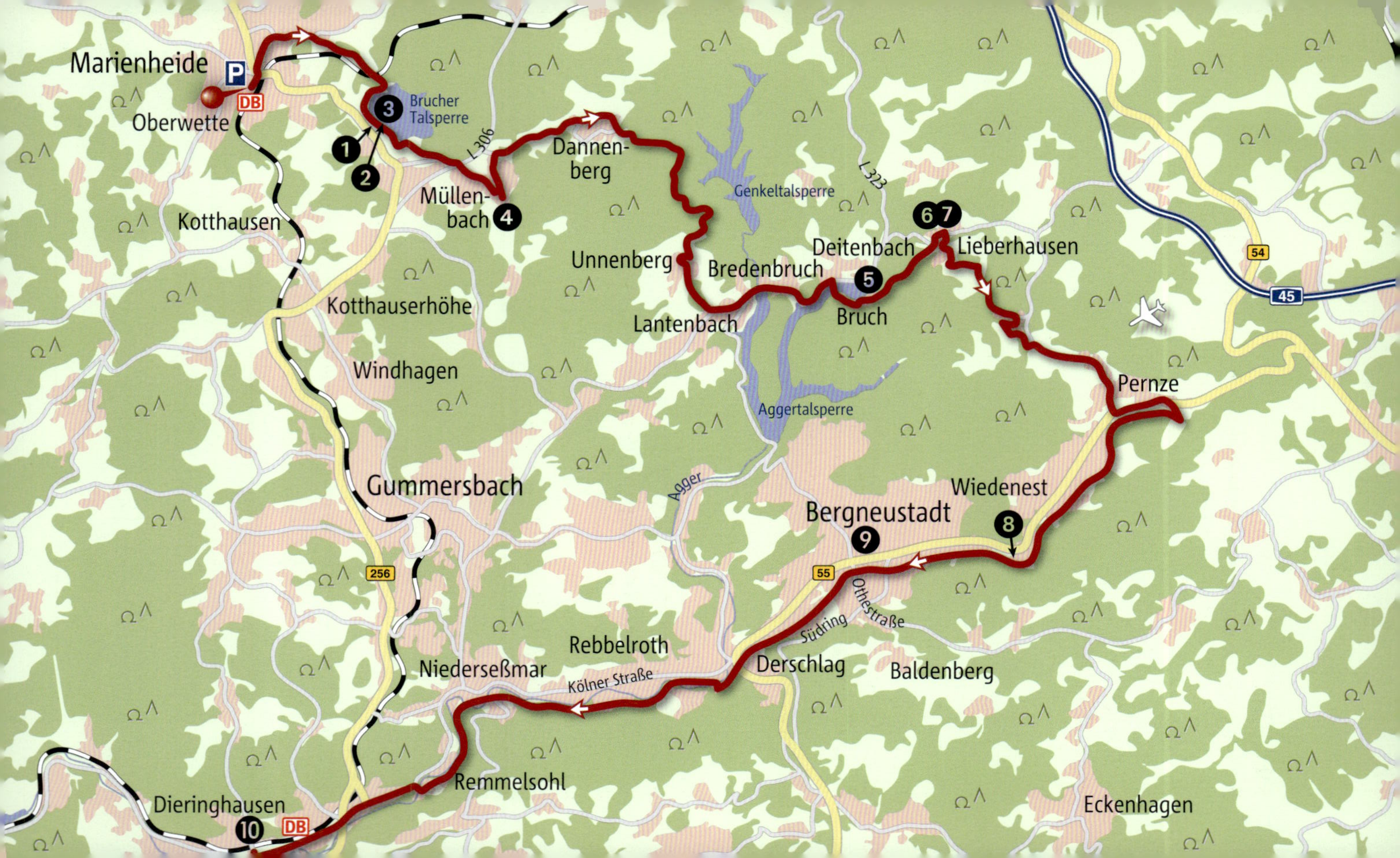

Marienheide
P
DB
Oberwette
Brucher Talsperre
3
1
2
L 306
Müllen-bach
4
Dannen-berg
Kotthausen
Unnenberg
Kotthauserhöhe
Genkeltalsperre
L 323
6 7
Lieberhausen
Deitenbach
Bredenbruch
5
Bruch
Lantenbach
54
45
Windhagen
Pernze
Aggertalsperre
Agger
Gummersbach
Wiedenest
Bergneustadt
8
9
256
55
Othestraße
Südring
Rebbelroth
Niederseßmar
Derschlag
Baldenberg
Kölner Straße
Remmelsohl
Dieringhausen
10
DB
Eckenhagen

WIE & WANN:

Überwiegend befestigte oder asphaltierte Wege, streckenweise mäßig befahrene Straßen; beste Radelzeit April bis Oktober; mit steiler Abfahrt (14 %); für Gelegenheitsradler empfiehlt sich ein Pedelec

HIN & WEG:

Start: Bahnhof Marienheide (GPS: 51.081016, 7.531445)
Auto: Bahnhofsparkplatz Marienheide, Bahnhofstraße 19, 51709 Marienheide
ÖPNV: RB 25 bis Marienheide
Ziel: Bahnhof Dieringhausen; Rückfahrt: RB 25 bis Marienheide

ESSEN & ENTSPANNEN:

Rogers Restaurant ❶ Gummersbacher Straße 15 a, 51709 Marienheide, Tel. (0 22 64) 40 33 75, www.rogers-restaurant.de (Di.–Fr. 17–23, Sa./So. 11–23 Uhr)
Tapas Alhambra ❷ Gummersbacher Straße 15 b, 51709 Marienheide, Tel. (0 22 64) 62 70, www.tapas-alhambra.de (in der Regel Fr., Sa. 14–20, So. 11–18 Uhr)
Landgasthof Reinhold ❼ Kirchplatz 2, 51647 Gummersbach-Lieberhausen, Tel. (0 23 54) 52 73, www.hotelreinhold.de (Fr.–Mi. 10–21, So. bis 20 Uhr)

ENTDECKEN & ERLEBEN:

Badestelle an der Brucher Talsperre ❸
Bunte Kerke Wehrkirche Müllenbach ❹ www.bunte-kirchen.de
Naturfreibad Bruch ❺
Bunte Kerke Lieberhausen ❻
Bunte Kerke Wiedenest ❽ www.kirche-wiedenest.de
Bergneustadt ❾
Eisenbahnmuseum Dieringhausen ❿ Hohler Straße 2, 51645 Gummersbach-Dieringhausen, Tel. (0 22 61) 7 75 97, www.IG-BW-Dieringhausen.de

Entspannungsfaktor ✱✱✱ (3 von 5)
Genussfaktor ✱✱✱✱ (4 von 5)
Romantikfaktor ✱✱✱✱ (4 von 5)

Bunte Kerke Lieberhausen

- 31 Kilometer
- 370 Höhenmeter
- 3–4 Stunden
- Rundtour

Wir starten am Bahnhof Gummersbach und fahren über den Kreisel in die **Wilhelm-Heidbreder-Straße,** von der wir links in die **Karlstraße** einbiegen. Ihr folgen wir, bis es nach rund 300 Metern rechts in die **Singerbrinkstraße** geht. Wir fahren hinunter (später heißt sie Mühlenstraße) und stoßen auf die Kreuzung mit der **Becketalstraße,** wo wir links einbiegen.

Jetzt geht es etwa 4 Kilometer auf der **L 323** leicht bergauf, wobei wir uns immer auf einem Radstreifen oder Bürgersteig bewegen können. Bei der anschließenden Abfahrt kommen wir durch **Lantenbach** und sehen auf der **Meinerzhagener Straße** rechts von uns die **Aggertalsperre** (1).

Nicht nur für uns Radler ist die Talsperre eine Wohltat, wenn wir hinter dem ersten Agger-Arm rechts auf den **Inselweg** einbiegen. Unser eigenes lautloses Dahingleiten, die Segler oder Ruderer auf dem Wasser, der Wind in den Bäumen und das Zwitschern der Vögel sorgen für wunderbare Entspannung. Vogelhäuschen am Uferweg weisen auf Meisen hin, die hier gerne die Nistkästen nutzen. An der **Halbinsel-Südspitze** (2) gehen wir über einen bizarren Felsweg bis ans Wasser und haben einen tollen Blick auf die Staumauer der Aggertalsperre. Sie ist rund 230 Meter lang und 45 Meter hoch, wurde zwischen 1927 und 1929 erbaut und 1967 wegen Undichtigkeiten saniert.

Der Pfad in den Wald, der an der Südspitze etwas versteckt auf der anderen Seite beginnt, ermöglicht uns eine weitere Exkursion zu Fuß: Wir erreichen ein

!

*Die **Aggertalsperre** bietet sich an für Wassersportler, für Liebhaber von Naturbädern mit Sandstrand und Kinderbecken, für Angler, Segel-, Ruder- und Tretboot-Fans, Wanderer … Taucher stoßen unter Wasser auf einen Brückenbogen, ein Viadukt, Felswände und die riesige Staumauer.*

Energie spüren

Rund um die Aggertalsperre

Auf dem Bergrücken zwischen dem Agger- und dem Genkelarm befindet sich ***Burg Zinne:*** *Überreste einer Fliehburg aus dem Frühmittelalter, die wohl der Bevölkerung während der Kriege zwischen den Franken und den Sachsen als Zufluchtsort diente.*

sehr schönes Waldstück, das uns immer wieder zwischen den Bäumen Ausblicke aufs Wasser ermöglicht. Auf der Höhe kommen wir zur **Burg Zinne.**

Setzen wir unsere Fahrt rund um die Halbinsel fort, so kommen wir zum Schluss an einigen sehr schön gelegenen Uferhäuschen vorbei wieder an die **Meinerzhagener Straße,** in die wir rechts einbiegen. Wir überqueren rechts einen Damm mit dem Namen **Am Vorbecken,** halten uns anschließend links und kommen zum Ort Bruch mit dem **Naturfreibad Bruch ③.**

Wer die malerischen Ufergebiete, an denen wir vorbeigeradelt sind, jetzt mal vom Boot aus erleben möchte, der findet hier einen kleinen Tretboot- und Ruderbootverleih. Man kann aber auch einfach die Sonne genießen und sich herrlich erfrischen.

Burg Zinne

Dann heißt es, die gerade getankte Energie gleich kraftvoll einsetzen. Am Ortsausgang verlassen wir die Straße **Am Buchhagen** nach rechts und strampeln den **Rosenthaler Weg** hoch Richtung **Lieberhausen** 4. Oben angekommen, fahren wir geradeaus und stoßen direkt auf den Landgasthof Lieberhausen, hinter dem die **Bunte Kerke** liegt.

Im 15. Jahrhundert wurde das Innere bunt ausgemalt. Als 1586 die Reformation den Ort erreichte, war das ein Anlass, bald weitere Gemälde anzubringen. Doch die alten blieben daneben bestehen, sodass wir heute – einmalig im Rheinland und im Bergischen – vor- und nachreformatorische Malereien nebeneinander betrachten können.

Wir finden unter den Bildern zwei Motive mit dem Element Wasser, die Assoziationen zu unserem Thema Energie zulassen. Bei schönem Wetter können wir auf der Terrasse zwischen Bunte Kerke und **Landgasthof Reinhold** 5 pausieren und eine regionale Köstlichkeit genießen: Lieberhäuser Eierkuchen, aus oberbergischen Eiern gebacken, herzhaft mit Speck oder süß mit Zimtzucker und Preiselbeeren, für zwei bis vier Personen.

Eine andere Lieberhausener Besonderheit darf nicht unerwähnt bleiben: Die Energiegenossenschaft Lieberhausen eG ist Trägerin des am Ortsrand errichteten Holzheizwerks Lieberhausen, von dem der gesamte Ort mit Heizwärme versorgt wird.

Mit so vielen Entdeckungen und Erlebnissen im Rucksack (oder in den Fahrradtaschen) kehren wir

!

Mit dem Bau des Holzhackschnitzelkraftwerks Lieberhausen gelang es, 330 Einwohner des ***Bioenergiedorfs Lieberhausen*** *fast vollständig unter Verwendung von Holz mit Heizwärme und Warmwasser zu versorgen. Da Holz ein nachwachsender Rohstoff ist, bedeutet das eine ausgeglichene CO_2-Bilanz.*

Für die Seele

Wasser, Holz, Sonne, Wind: Auf dieser Tour haben wir unzählige Möglichkeiten, Kraft zu tanken und voller Energie unterwegs zu sein.

Bergische Sonnenbank

zurück nach **Bruch** und können jetzt herrlich lange rollen lassen. Hinter Bruch fahren wir nicht zurück über den Damm, sondern links auf dem breiten Uferweg weiter an der Talsperre entlang. Mit Genuss und Muße sehen wir das gegenüberliegende Ufer, an dem wir vor Kurzem entlanggeradelt sind.

Wir erreichen den Zufluss der Rengse in das Staubecken, wo uns auf dem Damm eine weitere Besonderheit erwartet: die **Bergische Sonnenbank 6**, auf der wir die unterschiedliche Wärmeleitfähigkeit verschiedener Materialien testen können.

Wir bleiben am Talsperrenufer und fahren diese einfache und schöne Strecke weiter bis kurz vor die Staumauer, wo uns eine **Infotafel Energie 7** erwartet. Hier erfahren wir viel Interessantes über die „weiße Kohle aus der Agger“, die Kraft des Wassers.

Wir überfahren nun die **Staumauer der Aggertalsperre 8**. Außer der namensgebenden Agger speisen auch

*Die **Bergische Sonnenbank** hat mehrere Sitzflächen aus unterschiedlichen Materialien: Holz, Grauwacke und Edelstahl. Wer sich daraufsetzt, kann gut spüren, wie unterschiedlich stark das Sonnenlicht als Wärme gespeichert wird.*

Halbinsel Südspitze

Das ***Brauhaus Gummersbach****, die Stammkneipe der Gummersbacher Handballer, bietet Oberberger Bräu, ein untergäriges Zwickelbier, Oberberger Pils, ein hefetrübes, untergäriges Vollbier und Oberberger Dunkel mit einer Malzmischung aus Pilsener, Münchner und Karamellmalz an.*

Gaststätte Zur Seeklause

noch die Flüsse Genkel und Rengse die Talsperre, die 20,5 Millionen Kubikmeter fasst und 1929 in Betrieb ging.

Am anderen Ende des Staudamms lockt das **Sin-Thorn Thai-Restaurant** (9) zur Einkehr. Wir fahren die **L 337 (Derschlager Straße)** entlang und müssen uns dabei entweder für die etwas unsichere, aber bequeme rechte Seite oder aber den sicheren, aber etwas unangenehmen Bürgersteig auf der linken Seite entscheiden. An der Ortseinfahrt **Lantenbach** sehen wir rechts das **Freizeitcamp Aggertalsperre** mit der **Gaststätte Zur Seeklause** (10).

Für die Weiterfahrt empfiehlt es sich, links in die **Beulstraße** hochzufahren, uns an der ersten Kreuzung rechts zu halten und auf der zweiten geradeaus die Unterführung unter der Meinerzhagener Straße zu nehmen. Dann fahren wir scharf rechts und wieder rechts in die **L 323 (Beckestraße)** ein. Auf der linken Seite dieser Straße radeln wir nach Gummersbach zurück.

An der Kreuzung mit der **Mühlenstraße** müssen wir von der linken Straßenseite auf die rechte kommen, um dort rechts einzubiegen. Auf der vom Hinweg bekannten Strecke kommen wir über **Singerbrinkstraße** und **Karlstraße** wieder zur **Hindenburgstraße.** Zum Abschluss können wir rechts in die **Fußgängerzone von Gummersbach** (11) gehen und beispielsweise das Brauhaus Gummersbach (12) besuchen.

Brauhaus Gummersbach

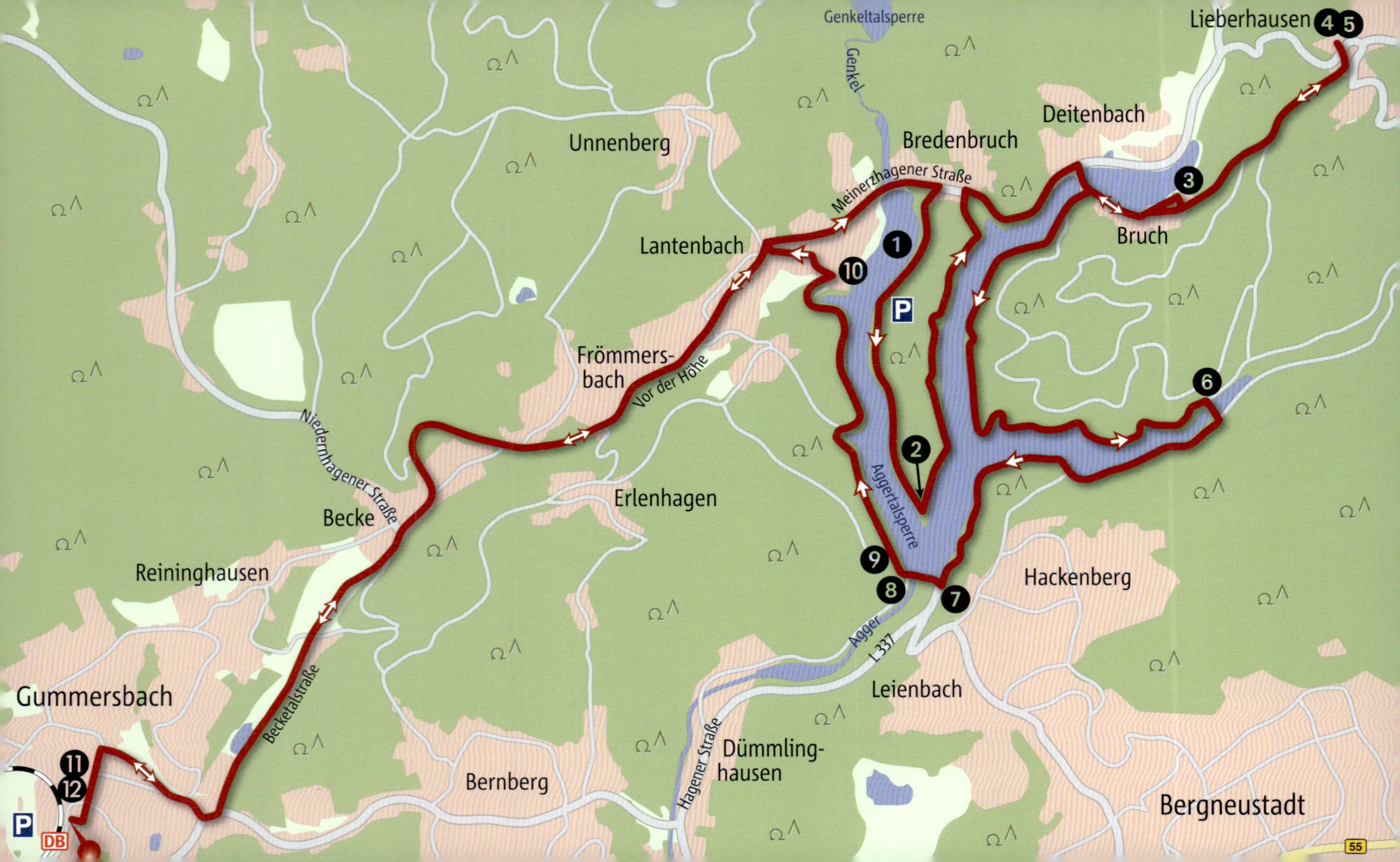

Lieberhausen
Genkeltalsperre
Genkel
Deitenbach
Bredenbruch
Meinerzhagener Straße
Unnenberg
Bruch
Lantenbach
Frömmers-
bach
Vor der Höhe
Niedernhagener Straße
Aggertalsperre
Erlenhagen
Becke
Reininghausen
Hackenberg
Agger
L 337
Leienbach
Gummersbach
Becketalstraße
Hagener Straße
Dümmling-
hausen
Bernberg
Bergneustadt
DB
55

WIE & WANN:
Überwiegend befestigte oder asphaltierte Wege, streckenweise mäßig befahrene Straßen; beste Radelzeit April bis Oktober; für Gelegenheitsradler empfiehlt sich beim Abstecher nach Lieberhausen ein Pedelec

HIN & WEG:
Auto: Parkplatz Bahnhof, Steinmüllerallee 5, 51643 Gummersbach (GPS: 51.02368, 7.56676)
ÖPNV: : RB 25 bis Gummersbach

ESSEN & ENTSPANNEN:
Landgasthof Reinhold ❺ Kirchplatz 2, 51647 Gummersbach-Lieberhausen, Tel. (0 23 54) 52 73, www.hotelreinhold.de (Fr.–Mi. 10–21, So. bis 20 Uhr)
SinThorn Thai-Restaurant ❾ Sperrmauer 1, 51647 Gummersbach, Tel. (0 22 61) 9 15 55-0, www.sinthorn.de (Mo., Mi.–Fr. 17–23, Juni bis Aug. zusätzlich 12–15, Sa./So. 12–23 Uhr)
Gaststätte Zur Seeklause ❿ Derschlager Straße 4, 51647 Gummersbach-Lantenbach, Tel. (0 22 61) 6 65 27, www.freizeitcamp.de (im Sommer Fr., Sa. 12–22, So. 12–19 Uhr)
Brauhaus Gummersbach ⓬ Hindenburgstraße 15, 51643 Gummersbach, Tel. (0 22 61) 2 90 01-0, www.brauhaus-gummersbach.de (tägl. ab 10 Uhr)

ENTDECKEN & ERLEBEN:
Aggertalsperre ❶
Halbinsel-Südspitze ❷ **mit Zugang zur Burg Zinne**
Naturfreibad Bruch ❸
Bioenergiedorf Lieberhausen ❹ **mit Bunte Kerke**
Bergische Sonnenbank ❻
Infotafel Energie ❼
Staumauer der Aggertalsperre ❽
Fußgängerzone von Gummersbach ⓫

Entspannungsfaktor ★★★☆☆
Genussfaktor ★★★★☆
Romantikfaktor ★★★★☆

Wuppertalsperre

- 37 Kilometer
- 430 Höhenmeter
- 4 Stunden
- Rundtour

Bei dieser Erfrischungstour bewegen wir uns meist in großer Nähe zur Wuppertalsperre und im Naturpark Bergisches Land, in einer Landschaft, die geprägt ist von Wiesen, Feldern und Mischwald, von kleinen Dörfern und Weilern inmitten grüner Natur.

Unser Start ist am Bahnhof Remscheid-Lennep, wo wir erst Richtung **Balkantrasse** und dann sofort links auf **Am Johannisberg** bergab fahren. Wenn wir auf die **Ringstraße** stoßen, fahren wir kurz links und biegen sofort rechts in den **Talsperrenweg** ein. Dieser führt uns in einem großen Bogen direkt auf die Staumauer der **Panzertalsperre** ❶ und zur blauen Absperrklappe der einstigen Trinkwasserleitung.

*Die **Panzertalsperre,** auch als Lenneper Talsperre bekannt, dient heute nicht mehr der Trinkwassergewinnung. Die Staumauer steht unter Denkmalschutz. Im Umfeld wachsen unter Naturschutz stehende Pflanzen, die im Bergischen Land nur noch selten anzutreffen sind.*

Hinter der Staumauer setzen wir unsere Fahrt nach rechts fort. Der nächste Weg links bringt uns zu dem Weiler **Repslöh.** Danach geht es links durchs schöne Feldbachtal bis hinter **Niederfeldbach,** wo wir die Straße nach links verlassen und am linken Arm der Wuppertalsperre entlangfahren. Wir bleiben immer am Wasser, erreichen nach einem großen Bogen einen Weg parallel zur Rader Straße, der etwas bergauf führt und bei **Nagelsberg** die B 229 überquert. Dahinter halten wir uns auf der Straße immer rechts und fahren so an einem weiteren Arm der Talsperre (Rader Straße) entlang bis zum **Abschlussdamm der Wuppertalsperre bei Krebsöge** ❷.

Der Ortsname Krebsöge hat offenbar mit reichhaltigen Flusskrebsvorkommen in früheren Zeiten zu tun. Öge ist eine regionale Form des Wortes „Aue“.

Wupperwasser

Westlich der Wuppertalsperre

1886, mit dem Bau des ersten Teilabschnitts der Wuppertalbahn, wurde Krebsöge Eisenbahnknotenpunkt. Von hier konnte man bis nach Barmen, nach Lennep oder nach Radevormwald und Halver fahren. 1986, als die Wuppertalsperre in Betrieb ging, versanken Teile des Orts, darunter der Bahnhof, im Wasser. Der gewaltige Abschlussdamm beherrscht heute das Ortsbild.

Über ihn fahren wir und erreichen die **Rader Straße,** in die wir rechts einbiegen. Die B 229 wird unterquert, dann geht es den nächsten Weg rechts hoch zu einem Parkplatz. Am Ende des Parkplatzes rechts bringt uns ein Weg zur Straße **Niedernfeld.** An **Obernfeld** und grünen Wiesen vorbei nähern wir uns der L 81. Unmittelbar vor der Hauptstraße biegen wir nach rechts in die **Honsberger Straße** ab. Dieser folgen wir hinunter bis zu einer Kreuzung in Honsberg, auf der wir nach links fahren und kurz danach das **Landgasthaus Honsberg** ③ sehen.

Krähwinklerbrücke

Über die Honsberger Straße geht es weiter bis zur **L 81** und dort nach rechts bis zur **L 412 (Heidersteg).** Noch einmal biegen wir rechts ein und erreichen die **Kräwinklerbrücke** ④, die 1399 erstmals urkundlich erwähnt wurde. 1968 errichtete man die heutige Spannbetonbalkenbrücke, die in 30 Meter Höhe das Tal überspannt.

Direkt hinter der Brücke verlassen wir die Autostraße nach links in die Straße **Kräwinklerbrücke** und erreichen den **Freizeitpark Kräwinklerbrücke** ⑤.

Wir setzen unsere Fahrt am Ufer fort. Vereinzelte Bänke laden immer wieder zu Pausen ein, um den Blick auf das Wasser und die Natur zu genießen. Auf einem Damm fahren wir über den Zufluss der Dörpe und kommen an eine Stelle, an der wir scharf links den Berg hochmüssen. Die schönen Blicke nach links aufs Wasser entschädigen uns für die Mühen des Strampelns oder Schiebens. Bevor wir oben im rechten Winkel nach rechts fahren, sollten wir die Räder abstellen und einige Meter nach unten zur **Ringwallanlage Am Bilstein** ⑥ gehen.

Der Aussichtspunkt mit schönem Panoramablick auf die Wuppertalsperre liegt auf einem Felsmassiv auf 280 Meter Höhe. Hier befand sich eine mittelalterliche Befestigung, die zum Bodendenkmal erklärt wurde.

Weitere Panoramablicke sind uns auf der folgenden Strecke vergönnt. Wir erreichen **Dürhagen** und machen einen Abstecher geradeaus bergab nach **Hammerstein.** Ursprünglich stand hier ein Gutshof mit ei-

!

*Kräwi, wie der **Freizeitpark Kräwinklerbrücke** genannt wird, bietet Aktivitäten nicht nur für Sportliche: Schwimmen, Bootfahren, Angeln, Tauchen, Picknicken, Sonnenbaden. Ein Straßenbahnwaggon steht für Kindergeburtstage, Familienevents oder Betriebsfeiern zur Verfügung.*

Für die Seele

Viel Wasser sorgt für innere Ruhe und ein Summstein versetzt unseren ganzen Körper in Schwingungen.

*Im 19. Jahrhundert Wohnhaus, war **Haus Hammerstein** in der Nachkriegszeit ein renommiertes Hotel, in dem Konrad Adenauer, Inge Meysel, Peter Frankenfeld und Anneliese Rothenberger nächtigten. Heute betreibt der Landesverband der Lebenshilfe hier ein Hotel und Bildungshaus.*

nem kleinen Ort; beim Bau der Wuppertalsperre wurden alle Häuser außer **Haus Hammerstein** 7 abgetragen.

An Wochenenden können wir hier, am wunderschönen Ufer, Speis und Trank zu uns nehmen. An den anderen Tagen müssen wir uns damit begnügen, den Summstein hinter dem Haus auszuprobieren. Der Summstein ist ein Stein mit einer Aushöhlung, dem sogenannten „Summloch". Steckt ein Mensch den Kopf in diese Höhle und atmet tief und summend aus, lösen die Töne Resonanzen aus und erzeugen dadurch Vibrationen, die den ganzen Körper erfassen. Nach dem Künstler und Pädagogen Hugo Kükelhaus stärken solche Sinneserfahrungen die Ressourcen des Menschen und sensibilisieren ihn, sodass er die Umwelt und sich selbst mit allen Sinnen bewusster wahrnimmt.

Die Halbinsel zwingt uns dazu, zurück nach Dürhagen den gleichen Weg zu nehmen. Wenn wir wieder oben angekommen sind, biegen wir links ab und fahren über die Straße **Dürhagen** bis zum Ende des Ortes. Hier können wir einen weiteren Abstecher nach

Ringwallanlage Am Bilstein

Schloss Hückeswagen

rechts zum **Fabrikantenhaus Dürhagen** 8 machen, einem denkmalgeschützten Fachwerkhaus, das in Kräwinklerbrücke stand und hier wiederaufgebaut wurde.

Ohne große Anstrengung geht es jetzt wieder auf der Hauptstraße über Felder und an Weilern vorbei. Wir fahren links am Wanderparkplatz Vosshagen vorbei bis zum nächsten Damm, der diesmal einem Zufluss der Wupper gilt. Wir überqueren ihn und nähern uns auf der anderen Flussseite der Stadt **Hückeswagen.**

Am nächsten Damm überqueren wir das Wasser erneut, biegen links ab und fahren über die **Ernst-Pflitsch-Straße** zum **Mühlenweg.** Links geht es zum **Bergischen Kreisel,** wo wir die zweite Ausfahrt nehmen und sofort links in die **Bahnhofstraße** fahren. Die nächste Straße rechts, die **Islandstraße,** führt uns auf einen Höhenzug und dort zur **Marktstraße.** Rechts geht es durch die Altstadt zum **Schloss Hückeswagen** mit dem **Heimatmuseum** Hückeswagen 9.

Bei der Rückfahrt durch die **Marktstraße** liegt rechts von uns die **evangelische Pauluskirche,** wie das Schloss ein beliebtes Fotomotiv in dieser Stadt.

Die **Islandstraße** dürfen wir nicht gegen die Einbahnstraße befahren und schieben deshalb, um zum Restaurant **La Casa De Las Tapas** 10 zu kommen – sozusagen ein Stück Spanien mitten im Bergischen Land, wo man sich von echten spanischen Köchen verwöhnen lassen kann.

Wieder unten an der **Bahnhofstraße** angekommen, lädt uns links das **Eiscafé Valenti** 11 zum Schleckern ein. Rechts von uns liegt die Fortsetzung der Bahnhofstraße, die **Peterstraße.** Vor der Hausnummer 19 liegen Stolpersteine, die von dem Künstler Gunter Demnig stammen. Sie erinnern an das Geschehen vom 13. März 1932. Damals wurden in Hückeswagen drei Kommunisten von den Nationalsozialisten ermordet. Es folgte die größte politische Demonstration in der Geschichte der Stadt, viele Tausende Menschen besuchten die Beerdigung der drei Opfer.

!

*Burg Hückeswagen, später **Schloss Hückeswagen,** wurde erstmals 1189 erwähnt. Die Grafen von Hückeswagen veräußerten sie 1260. Späteren Besitzern fehlte es offenbar an Geld, denn Hückeswagen wurde immer wieder verpfändet. Im Schloss ist heute das Heimatmuseum untergebracht.*

Über die **Bahnhofstraße** kommen wir zurück zum **Bergischen Kreisel** und schwenken dort auf den **Bahntrassenradweg Richtung Lennep.** Hier fuhr seit 1876 die Wippertalbahn von Marienheide bis Lennep. Nach der endgültigen Stilllegung der Strecke im Jahr 1995 baute man die Trasse zwischen Marienheide und Wipperfürth zu einem Radweg um, später verlängerte man diesen bis nach Bergisch Born und Lennep.

Nach einiger Zeit erreichen wir den **Tunnel Höhsiepen ⑫,** der nicht nur den Radlern, sondern auch den Fledermäusen gehört.

*Der Graffiti-Künstler René Schneider gestaltete die **Fledermaus-Trennwand,** die fast den gesamten, 225 Meter langen Tunnel Höhsiepen durchzieht, als bunten Lehrpfad. Hier erfährt man so einiges Interessante über das Leben der Fledermäuse.*

Die geruhsame Weiterfahrt auf dem sanft ansteigenden Weg gibt uns viel Zeit, in Gedanken die heutige Tour noch einmal an uns vorbeiziehen zu lassen. Vor Bergisch Born biegen wir auf die **Balkantrasse** ein, die von links aus Opladen kommt; rechts geht es nach Lennep.

Hinter Bergisch Born unterqueren wir die B 51 (Borner Straße) und sehen kurz dahinter auf der Höhe das griechische **Restaurant Afroditi ⑬.** Ganz bequem können wir das Haus über einen Wiesenpfad erreichen.

Jetzt ist es nicht mehr weit bis zum **Bahnhof Lennep.** Von dort aus lohnt ein Besuch der nahe gelegenen schönen Altstadt, wo wir viele Möglichkeiten zur Einkehr haben. Wir können aber auch zum Abschluss das **Deutsche Röntgenmuseum ⑭** besuchen, das am Rand der Altstadt liegt – ein Museum zum Staunen und Lernen. Tatendurstige, die selbst aktiv werden wollen, können hier die Welt der Röntgenstrahlen selbst für sich entdecken.

Restaurant Afroditi

Altstadt Hückeswagen

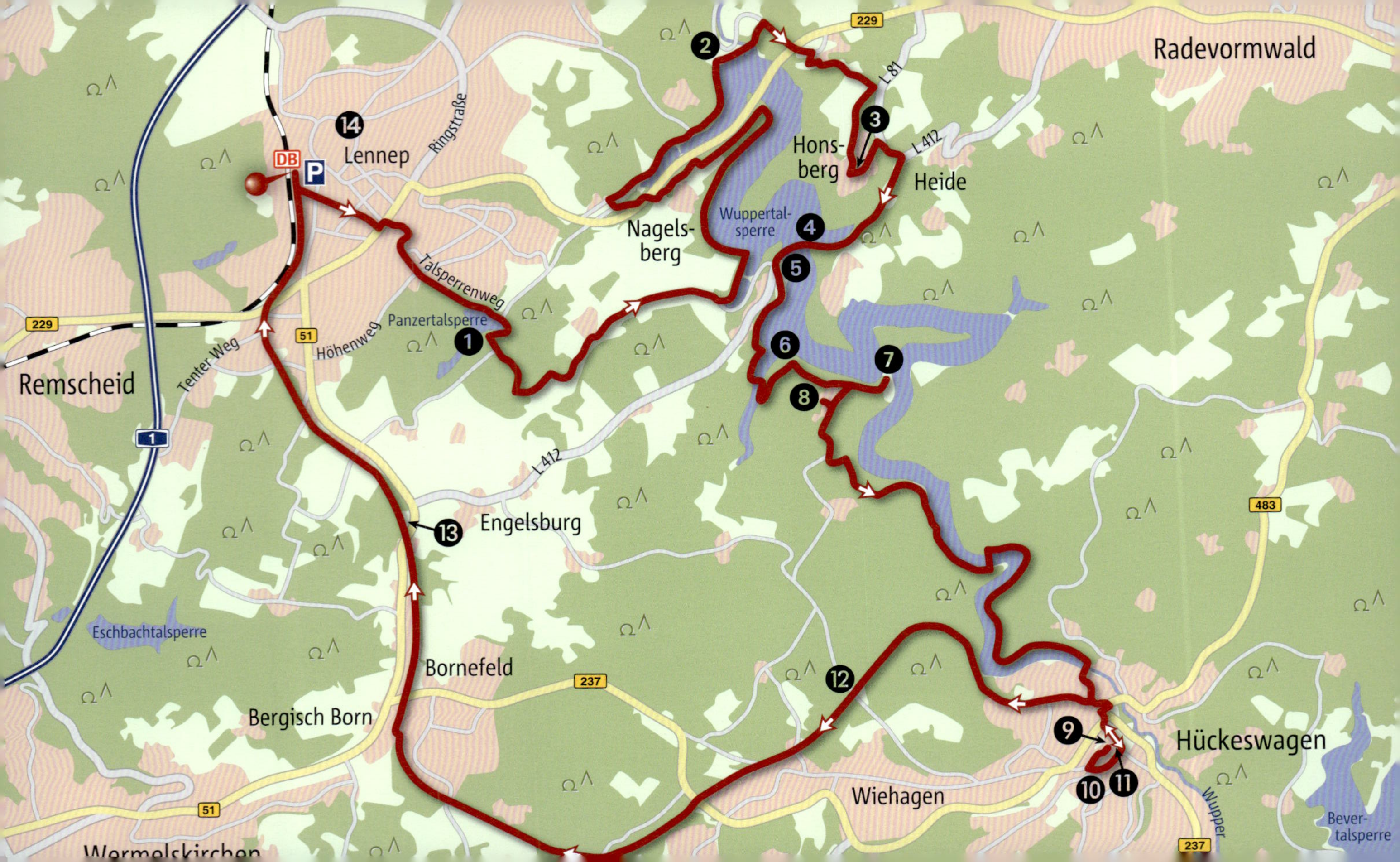
Radevormwald
229
L 81
L 412
Hons-
berg
Heide
Wuppertal-
sperre
Nagels-
berg
DB
P
Lennep
Ringstraße
Talsperrenweg
Panzertalsperre
Höhenweg
51
Tenter Weg
Remscheid
1
L 412
Engelsburg
483
Eschbachtalsperre
Bornefeld
237
Bergisch Born
Wiehagen
Hückeswagen
Wupper
Bever-
talsperre
Wermelskirchen
1
2
3
4
5
6
7
8
9
10
11
12
13
14

WIE & WANN:
Überwiegend befestigte oder asphaltierte Wege, streckenweise mäßig befahrene Straßen; beste Radelzeit April bis Oktober

HIN & WEG:
Auto: Parkplatz Bahnhof Remscheid-Lennep, Robert-Schumacher-Straße, 42897 Remscheid-Lennep (GPS: 51.19047, 7.25292)
ÖPNV: S 8 bis Remscheid-Lennep

ESSEN & ENTSPANNEN:
Landgasthaus Honsberg ❸ Honsberger Straße 15, 42477 Radevormwald, Tel. (0 21 95) 68 36 88, www.landgasthaus-honsberg.de (Di.–Sa. 17–23, So. 11–23 Uhr)
La Casa De Las Tapas ❿ Islandstraße 10, 42499 Hückeswagen, Tel. (0 21 92) 9 10 90 00, www.la-casa-de-las-tapas.de (Mi.–Sa. 17–22 Uhr)
Eiscafé Valenti ⓫ Islandstraße 83, 42499 Hückeswagen, Tel. (0 21 92) 22 32 (tägl. 10–19 Uhr)
Restaurant Afroditi ⓭ Bergisch Born 16, 42897 Remscheid, Tel. (02191) 61770 (Mo. 17.30–24, Di.–So. 11.30–14.30 und 17.30–24 Uhr)

ENTDECKEN & ERLEBEN:
Panzertalsperre ❶ Abschlussdamm der Wuppertalsperre und Krebsöge ❷
Kräwinklerbrücke ❹
Freizeitpark Kräwinklerbrücke ❺ Kräwinklerbrücke 1, 42897 Remscheid, Tel. (0 21 91) 9 33 06 71, www.freizeitpark-kraewi.de (im Sommer Mo.–Fr. 11–19, Sa./So. 10–19 Uhr)
Ringwallanlage Am Bilstein ❻
Haus Hammerstein ❼ Hammerstein 1, 42499 Hückeswagen, Tel. (0 21 92) 91 61-70
Fabrikantenhaus Dürhagen ❽
Schloss Hückeswagen mit Heimatmuseum Hückeswagen ❾ Schloß 1, 42499 Hückeswagen, Tel. (0 21 92) 8 80, www.hueckeswagen.de/museum (So. 11–13, 1. Sa. im Monat 14.30–16.30 Uhr)
Tunnel Höhsiepen ⓬
Deutsches Röntgenmuseum ⓮ Schwelmer Straße 41, 42897 Remscheid-Lennep, Tel. (0 21 91) 16 33 84, www.roentgenmuseum.de (Di.–So. 10–17 Uhr)

Entspannungsfaktor ★★★★☆
Genussfaktor ★★★★☆
Romantikfaktor ★★★★☆

Mariendom Neviges

- 43 Kilometer
- 540 Höhenmeter
- 4–5 Stunden
- Rundtour

Große Teile dieser Radtour über die Niederbergbahntrasse und durchs Angerbachtal lagen vor 400 Millionen Jahren, im Zeitalter des Devon, noch unter dem Meeresspiegel. Heute finden wir in dieser Gegend das größte Abbaugebiet von Kalkstein in Europa. Reste des damaligen Strandes und der Riffe sind noch erkennbar.

Wir beginnen unsere Tour am S-Bahnhof Velbert-Neviges und fahren von **Auf der Beek** nach links durch die **Lohbachstraße** bis zur großen Kreuzung an der **Wilhelmstraße,** in die wir rechts einbiegen. Leicht bergauf geht es bis zur dritten Straße rechts, **Am Stadtgarten.** Hier liegt der Parkplatz, von dem aus **Autofahrer die Tour starten.**

Nachdem wir **Am Stadtgarten** durchfahren haben, nehmen wir die erste Straße links, die **Tönisheider Straße,** und folgen nach einer Kreuzung geradeaus dem **Reiger Weg,** bis es links abgeht in **An der Maikammer.** Wir halten uns rechts und fahren durch **Auf der Drenk** bis zur **L 107 (Nevigeser Straße),** in die wir rechts einbiegen. (Wer eine starke Steigung vermeiden will, aber dafür Autoverkehr in Kauf nimmt, fährt von Am Stadtgarten auf der Wilhelmstraße weiter bergauf, dann nach einem scharfen Linksbogen weiter auf der Bogenstraße, vor der Autobahnüberführung schließlich rechts in die Nevigeser Straße.) An der großen Kreuzung mit der Wülfrather Straße wechseln wir auf die linke Straßenseite, um dem **Panoramaradweg Niederbergbahn** Richtung **Heiligenhaus** zu folgen.

Unter dem Meer

Niederbergbahn und Angerbachtal

Vielleicht brauchen manche nach der Bergfahrt unbedingt eine Pause, zu der uns hier das **Eiscafé Della Corte** ① lockt.

Der Panoramaradweg mündet auf die **Neustraße,** wo wir nach rechts fahren, um sofort in die erste Straße links, **Auf'm Angst,** einzubiegen. Vor der ersten Kurve fahren wir geradeaus in einen Waldweg und zweimal rechts ab bis zu einer Bank. Sie ermöglicht uns einen schönen Blick auf den **Schlammteich Tönisheide** ②, ein Sedimentationsbecken der Firma Rheinkalk

Gasthaus Zur Dampflok

Lhoist-Gruppe. Kalksteine werden vor der Weiterverarbeitung in einer Waschstraße gesäubert. Das Waschwasser wurde bis vor wenigen Jahren in den Schlammteich gepumpt, damit der darin enthaltene Sand (Sediment) sich absetzte und vom Wasser trennte. Das Wasser wurde für weitere Spülgänge genutzt.

Wir kehren zurück auf die **Neustraße,** in der wir nach links weiterfahren und über eine weite Strecke der Beschilderung des **Panoramaradwegs Niederbergbahn** folgen.

Das **Brauhaus Alter Bahnhof** ③ liegt direkt an der Trasse, hat aber den Eingang auf der anderen Seite. Deshalb lassen wir die Räder an der Trasse stehen und steigen zu Fuß die Treppen hinunter.

Im Anschluss daran fahren wir häufiger durch regelrechte Trassen-Schluchten, die so tief liegen, dass sie auch bei Hitze noch für Erfrischung sorgen. Auch ansonsten bringt uns die viele Kilometer lange, von Bäumen beschattete sanfte Abfahrt viel Kühlung.

Am Gasthaus **Zur Dampflok** ④, das mit Außengelände direkt an der Trasse liegt, können wir auf „bürgerliche Art" schmausen und trinken.

Wir erreichen hinter einem riesigen Kinderspielplatz die Stadt Heiligenhaus mit einem Angebot für Genussmenschen: die **Kult-Kaffee Rösterei** ⑤. Das Außencafé direkt an der Trasse steht auf einem ehemaligen Eisenbahnwaggon und hat somit ein ganz besonderes Flair. Wer will, kann sich auch mit Kaffeevorräten für zu Hause eindecken.

*Der **Panoramaradweg Niederbergbahn** wurde 2011 fertiggestellt und hat eine Gesamtlänge von knapp 40 Kilometern. Er entstand auf der Eisenbahnstrecke der Niederbergbahn, die zwischen 1888 und 1926 (mit mehreren Unterbrechungen) errichtet wurde und eine bessere Verkehrsanbindung von Heiligenhaus und Velbert sicherstellen sollte.*

*Die **Kult-Kaffee Rösterei** in Heiligenhaus ist eine private Kaffeerösterei für Spezialitäten-Kaffee ausgesuchter Produzenten. Der Inhaber kennt viele Kaffeefarmer persönlich.*

Für die Seele

Eine Landschaft, die vor 400 Millionen Jahren unter dem Meeresspiegel lag, ein Zeittunnel und ein Wallfahrtsort.

Waggonbrücke Heiligenhaus

Kurz dahinter taucht das nächste Highlight dieser Tour auf: die **Waggonbrücke Heiligenhaus** (6).

Bei der Weiterfahrt auf der Trasse Richtung Essen gelangen wir nach etwa 3 Kilometern auf das Viadukt Ruhrstraße-Süd, das 50 Jahre lang nicht passierbar war und 1990 in die Denkmalliste der Stadt Heiligenhaus aufgenommen wurde. Von hier haben wir tolle Ausblicke in die Umgebung. 1,5 Kilometer später verlassen wir die Niederbergbahntrasse nach links in Richtung **Hösel.** Achtung: Der Wegweiser könnte durch Baumbewuchs erst im letzten Moment sichtbar sein! Er führt uns über den **Brockhorstweg** bergauf zur Straße **Am Rennbaum,** in die wir links einbiegen. An deren Ende sehen wir links einen großen Verkehrskreisel. Hier schwenken wir sofort rechts in den Radweg der **Heiligenhauser Straße,** der wir über längere Zeit folgen. Sie geht über in die **Eggerscheidter Straße,** auf deren rechter Seite sich die Hausnummer 60 mit dem **Café Droste** (7) befindet.

Am Ortsrand von Hösel, das zu Ratingen gehört, sehen wir links die Straße Am Dickhaus. Wir fahren weiter geradeaus auf dem Radweg, der ab hier auf der linken Seite verläuft. Die nächste Straße links, die **Ernst-Stinshoff-Straße,** bringt uns abwärts ins Angertal. Dort fahren wir links an einem Parkplatz entlang und folgen dem Bach Richtung Quelle.

Das **Angertal** stellt mit seiner hügeligen Landschaft, den historischen Wassermühlen und der mannigfaltigen Natur ein beliebtes Ausflugsziel dar. Es ist ein Naturschutzgebiet und verdankt seinen Namen dem Angerbach, kurz Anger, einem etwa 35 Kilometer langen rechten Zufluss zum Niederrhein.

Den Bachverlauf entlang haben wir immer wieder Gelegenheiten, uns auf eine Bank zu setzen, die Natur zu genießen und zu träumen. Ab dem Haus Anger heißt unser Weg offiziell **Angerweg** und kann auch von Autos befahren werden. Er folgt mal nahe und mal in etwas Entfernung dem Angerbach bis **Herrenbrück,** das hinter einer hohen Brücke liegt. Hier biegen wir links

!

*Die **Waggonbrücke Heiligenhaus** besteht aus einem Eisenbahnwagen, der als Überbau dient. Er blieb mit allen technischen Einrichtungen erhalten. Der 26 Tonnen schwere Waggon wurde über 400 Kilometer antransportiert und von einem 200-Tonnen-Kran in seine Endposition eingehoben.*

in die **Hofermühle,** die an der **Ratinger Straße** endet. Uns bleibt keine andere Möglichkeit, als dieser stark befahrenen Straße nach links 400 Meter zu folgen, um sie dann am Beginn einer Steigung nach rechts in den **Angerweg** wieder zu verlassen.

Wenn wir Glück haben, hören wir auf unserer Tour entlang des Angerbachs das Pfeifen des Kalkzugs, der von Wülfrath Richtung Ratingen fährt. Sind wir gerade nahe der Bahnlinie, sollten wir uns den imposanten Anblick dieses Güterzugs nicht entgehen lassen.

In **Wusten** fahren wir nicht rechts Richtung Wülfrath, sondern weiter geradeaus auf dem Angerweg. Bei **Angerweg 80** dürfen wir uns daran erinnern, dass wir im Bergischen (!) Land sind. Es geht 600 Meter steil hoch bis zum Ende des Angerwegs und dort rechts auf den **Heiligenhauser Weg.** Der Wind, der hier oft weht, verschafft uns nach dem Anstieg die nötige Erfrischung. In **Flandersbach** radeln wir auf der **Flan-**

Angertal

Café Schwan

Das **Niederbergische Museum** zeigt Leben und Arbeiten in der niederbergischen Region im 19. Jahrhundert anhand von Möbeln, Werkzeugen und Dingen des täglichen Lebens. Dazu kommen Funde aus den Kalkgruben sowie Dokumente zu industriellen Abbaumethoden der Wülfrather Kalkindustrie.

dersbacher Straße geradeaus und an der Hauptstraße rechts weiter nach **Rohdenhaus.** Hinter dem Ortsausgangsschild von Rohdenhaus und einer Transportbrücke des nahen Rheinkalk-Werks überqueren wir eine ungesicherte Straße, um auf der anderen Seite die nicht beschilderte Trasse nach Wülfrath zu befahren.

Um zum Niederbergischen Museum zu kommen, folgen wir dem Schild **„Museum“,** gegenüber dem nach links abgehenden Silberberger Weg, und fahren nach rechts in die **Mittelstraße** und bei der nächsten Möglichkeit rechts in die **Museumstraße.** An deren Ende liegt rechts um die Ecke in der **Bergstraße** das **Niederbergische Museum 8.**

Als Besonderheit bietet es nach Voranmeldung in der behaglichen Atmosphäre des bäuerlichen Kaminzimmers oder des bürgerlichen Barockraumes die „Original Bergische Kaffetafel mit allem Dröm on Dran“. Dabei erfährt man auch die geschichtlichen Hintergründe des wichtigsten Gerätes der Kaffeetafel, der „Dröppelminna“.

Wir fahren die Bergstraße zurück und an deren Ende auf der linken Seite die Fußgängerbrücke hinauf. Diese überquert die Mettmanner Straße und führt uns am Ende scharf rechts und dann halb links in die Fußgängerzone von Wülfrath. Dort biegen wir in die nächste Straße rechts, die **Schwanenstraße,** ein und stehen direkt vor dem **Café Schwan** ⑨ in einem Fachwerkhaus aus dem 18. Jahrhundert. Das Café bietet ein reichhaltiges Frühstück, selbst gebackene Kuchen, Waffeln und einen wechselnden Mittagstisch.

Bei der Weiterfahrt abwärts biegen wir sofort hinter dem Haus links in die **Hackestraße,** halten uns rechts und fahren entlang von Mauern und Fachwerkhäusern über die **Heumarktstraße** bis zu **Am Dieck.** Rechts um die Ecke erreichen wir nach 100 Metern den **Stadtteich Wülfrath** ⑩ mit einer Informationstafel zum Angerbach. Die unterirdischen Zuflüsse zum

Stadtteich Wülfrath

*Im **Zeittunnel Wülfrath,** einem 160 Meter langen Abbautunnel eines stillgelegten Kalksteinbruchs, erlebt man 400 Millionen Jahre Erdgeschichte. Man begegnet ungewöhnlichen Lebewesen, Dinosauriern und den ersten Menschen und betrachtet die Verschiebung der Kontinente.*

Stadtteich Wülfrath werden heute als Angerquelle bezeichnet.

Um wieder auf die Trasse zu kommen, schieben wir unsere Räder an der Fußgängerzone vorbei und fahren die **Nordstraße** hoch. An deren Ende kommen wir über einen Fußweg an die **Mettmanner Straße,** halten uns etwas rechts, überqueren die Straße und finden auf der anderen Straßenseite die Zufahrt zum **Panoramaradweg Niederbergbahn.**

Wir fahren auf der Trasse rechts etwa 1 Kilometer und erreichen Hammerstein, wo wir auf einem kleinen Weg links das Tunnelcafé Wülfrath und den **Zeittunnel Wülfrath** ⑪ finden. Hier lohnt sich ein längerer Aufenthalt mit Besichtigung des Zeittunnels und einer Skulpturenausstellung. Eindrucksvoll ist der Blick auf die 70 Meter hohen Felswände des stillgelegten Bochumer Bruchs, heute ein Rückzugsgebiet für Fledermäuse und Uhus, wo nach Voranmeldung auch geklettert werden darf.

Nach dem erfrischenden Besuch des immer kühlen Tunnels tauschen wir uns im Tunnelcafé draußen oder drinnen über unsere Entdeckungen und Erlebnisse aus, bevor es auf der Niederbergbahntrasse Richtung Tönisheide weitergeht.

Hinter der großen Zufahrt zum Zeittunnel fahren wir sofort links etwa 100 Meter bergauf und biegen scharf rechts auf die leicht ansteigende Trasse der ehemaligen Niederbergbahn ein. Nach einem großen S-Bogen radeln wir auf der Höhe unterhalb der Firma Jonas vorbei und haben dahinter schöne Ruhebänke mit tollem Blick auf Heiligenhaus und Umgebung.

Wir überqueren die Wülfrather Straße und erreichen parallel zu ihr die **Reuterstraße,** der wir nach rechts folgen und damit die Niederbergbahntrasse verlassen. Bei der Abfahrt nach Neviges geht die **Bogenstraße** in die **Wilhelmstraße** über, an der wir auf der linken Seite den **Parkplatz Am Stadtgarten** sehen.

Da wir einen meditativen Abschluss der Radtour bevorzugen, durchfahren wir noch einmal die Straße

Zeittunnel

Am Stadtgarten und biegen nun rechts in die **Tönisheider Straße** ein. Wir halten uns immer links, bis in die **Löher Straße,** wo uns der **Mariendom Neviges** ⑫ einlädt.

An der alten Wallfahrtsstätte – seit 1676 gibt es hier eine Marienwallfahrt – steht eine ausgesprochen moderne Kirche: Von 1966 bis 1968 erbaut, ist ihr Kennzeichen die Verwendung von unverputztem Beton. Mit mehr als 6000 Plätzen gilt sie als zweitgrößte Kirche des Erzbistums Köln nach dem Kölner Dom. Im Inneren findet man als Gestaltungselement immer wieder die Rose, Symbol der Gottesmutter Maria.

Wir fahren die **Klosterstraße** hinunter und biegen an der **Elberfelder Straße** links ab. So erreichen wir die **Bernsaustraße,** folgen ihr ein Stück nach rechts und kommen über die nächste Straße links, **Auf der Beek,** wieder zur S-Bahn-Station.

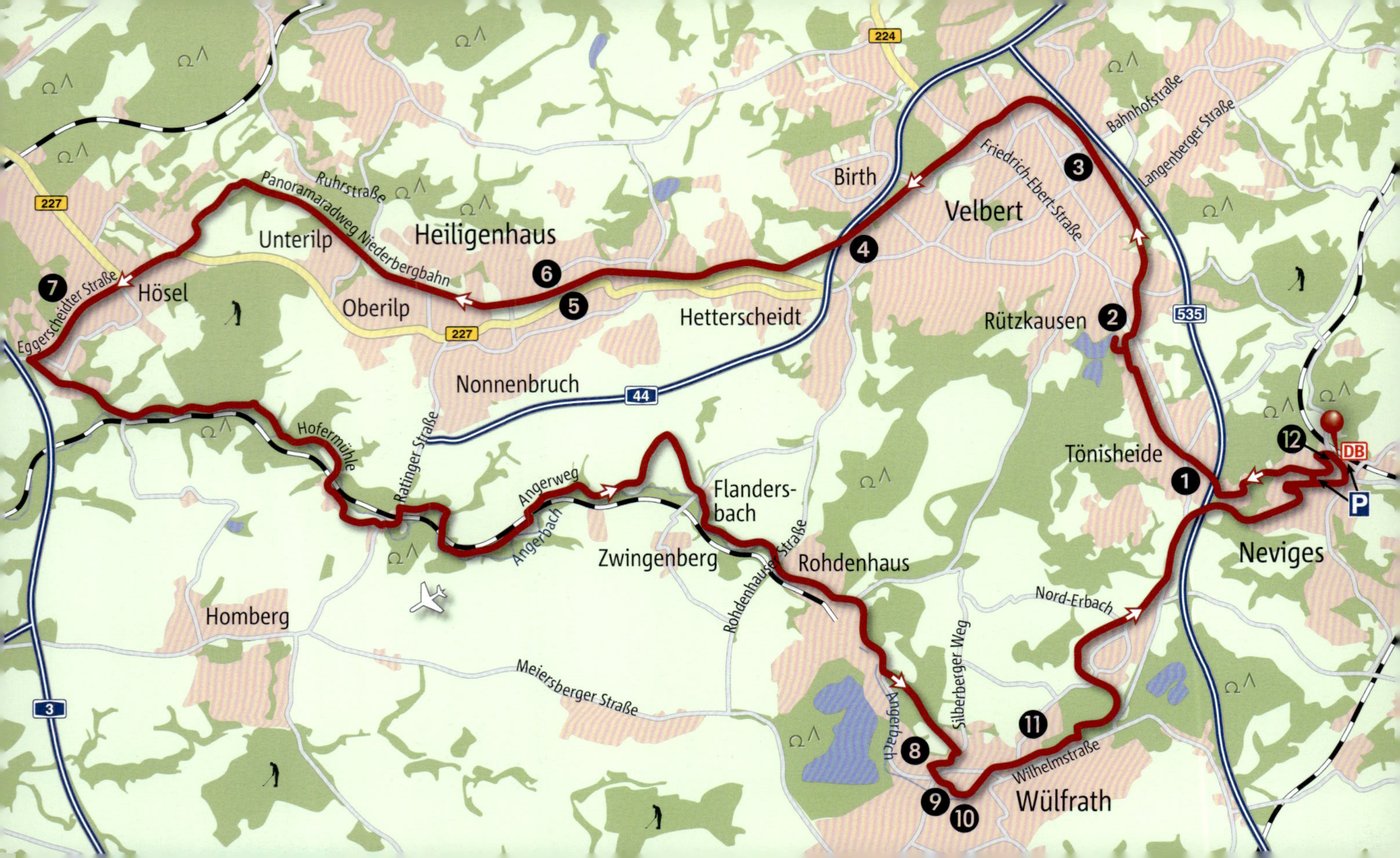
224
227
Bahnhofstraße
Langenberger Straße
Friedrich-Ebert-Straße
Birth
Velbert
Ruhrstraße
Panoramaradweg Niederbergbahn
Unterilp
Heiligenhaus
Hösel
Oberilp
Hetterscheidt
Rützkausen
535
Eggerscheidter Straße
Nonnenbruch
44
Hofermühle
Ratinger Straße
Angerweg
Angerbach
Flanders-
bach
Tönisheide
DB
P
Zwingenberg
Rohdenhauser Straße
Rohdenhaus
Neviges
Nord-Erbach
Homberg
Meiersberger Straße
Silberberger Weg
Wilhelmstraße
Wülfrath
3
1
2
3
4
5
6
7
8
9
10
11
12

WIE & WANN:

Überwiegend befestigte oder asphaltierte Wege, streckenweise mäßig befahrene Straßen; beste Radelzeit April bis Oktober; für Gelegenheitsradler empfiehlt sich ein Pedelec

HIN & WEG:

Auto: Parkplatz Am Stadtgarten, 42553 Velbert-Neviges (GPS: 51.31106, 7.08539)
ÖPNV: S 9 oder RE 49 bis Velbert-Neviges

ESSEN & ENTSPANNEN:

Eiscafé Della Corte ❶ Wülfrather Straße 1, 42553 Velbert-Tönisheide, Tel. (0 20 53) 65 13, www.dellacorte.de (Di.–Sa. 10–21, So. 12–21 Uhr)
Brauhaus Alter Bahnhof ❸ Güterstraße 9, 42551 Velbert, Tel. (0 20 51) 60 93 52, www.brauhausvelbert.de (Di.–Sa. 11–24, So. 11–21 Uhr)
Gasthaus Zur Dampflok ❹ Ernst-Moritz-Arndt-Straße 98, 42549 Velbert, Tel. (0 20 51) 60 25 97 (Mai bis Nov. Di.–Fr. ab 12, Sa./So. ab 10 Uhr; Dez. bis Apr. Di.–Fr. 16–24, Sa./So. 10–24 Uhr)
Kult-Kaffee Rösterei ❺ Westfalenstraße 12, 42579 Heiligenhaus, Tel. (0 20 56) 2 59 67 99, www.kult-kaffee.de (tägl. 10–18 Uhr)
Café Droste ❼ Eggerscheidter Straße 60, 40883 Ratingen, Tel. (0 21 02) 6 03 35, www.droste-event.de (tägl. 8–18 Uhr)
Café Schwan ❾ Schwanenstraße 4, 42489 Wülfrath, Tel. (0 20 58) 89 46 05, www.cafeschwan.de (Di.–Fr. 9–18, Sa. 9–17, So. 10–18 Uhr)

ENTDECKEN & ERLEBEN:

Schlammteich Tönisheide ❷ **Waggonbrücke Heiligenhaus** ❻
Niederbergisches Museum ❽ Bergstraße 22, 42489 Wülfrath, Tel. (0 20 58) 7 82 66 90, www.niederbergisches-museum.de (Mi., Sa., So. 14.30–17 Uhr)
Stadtteich Wülfrath ❿
Zeittunnel Wülfrath ⓫ Hammerstein 5, 42489 Wülfrath, Tel. (0 20 58) 89 46 44, (Mitte Apr. bis Mitte Okt. Di.–So. 10–18 Uhr) **Mariendom Neviges** ⓬

Entspannungsfaktor ★★★☆☆
Genussfaktor ★★★☆☆
Romantikfaktor ★★★★☆

Wildgehege

- 44 Kilometer
- 380 Höhenmeter
- 4 Stunden
- Rundtour

Wir starten am S-Bahnhof Köln-Dellbrück und fahren vom Bahnhofsgebäude aus gesehen mit den Gleisen hinter uns nach rechts in die **Hünenstraße** (bzw. von der **Diepeschrather Straße** aus gesehen in die **Urnenstraße**). Links geht es in die **Urnenstraße,** die in den **Grafenmühlenweg** übergeht. Dieser bringt uns in südlicher Richtung bis zur **Mielenforster Straße.** Wir biegen rechts ab und sind sofort auf der großen Straße **Dellbrücker Mauspfad,** der wir auf dem Radweg etwa 500 Meter nach links folgen.

Links führt uns jetzt ein breiter Waldweg mit dem Namen **Im Buchenkamp** in den Königsforst hinein, den wir außer einer kurzen Unterbrechung in **Refrath** für lange Zeit nicht mehr verlassen werden. Nachdem wir ein kurzes Stück parallel zum Bahngleis der U 1 geradelt sind, biegen wir rechts ab auf **In der Auen,** überqueren die Bahnlinie und stoßen bald auf die Hauptstraße **Lustheide.** Hier fahren wir kurz links und sofort rechts in den **Flehbachmühlenweg.**

Ab 1850 gab es in der Umgebung des Gebiets Lustheide, das wir durchfahren, mehrere Erzgrubenfelder. Die Grube Consolidierte Catharina II war für damalige Verhältnisse eine bedeutende Eisenerzgrube, was heute aber kaum noch zu erkennen ist.

Wir unterqueren die A 4 und erreichen eine Wegkreuzung, auf der wir annähernd geradeaus weiterfahren. Kurz dahinter liegt der Flehbach mit einer Holzbrücke, vor dem wir einen **Abstecher** nach rechts machen und dem recht urigen Bachverlauf folgen.

Idyll und Papier

Rund um Bergisch Gladbach

Monte Troodelöh *ist das Ergebnis einer Spaßaktion des Alpenvereins Köln: Hier soll mit 118,04 Metern die höchste Stelle Kölns sein – 3 Meter höher als der höchste Berg Berlins. Der Name des „Gipfels" ergibt sich aus den Namen der angeblichen Erstbesteiger: Troost, Dedden, Löhmer.*

Eine Eulen-Holzskulptur zeigt uns, dass wir uns im 50 Hektar großen **Wildgehege Brück** ❶ im nordwestlichen Teil des Königsforstes befinden. Wenn wir Glück haben, können wir hier Rothirsche und Wildschweine beobachten.

Zur Rückfahrt nehmen wir denselben Weg und fahren jetzt rechts über die Flehbach-Holzbrücke, überqueren den **Rather Weg** und folgen dem **Brück-Forsbacher Weg** in den tiefen Wald des Königsforsts. Lange geht es geradeaus, bis uns Holzwegweiser nach links auf den **Wolfsweg** und zum **Monte Troodelöh** ❷ führen.

Wo andere ihren Spaß hatten, können wir es uns gern gemütlich machen, um dann wieder zurückzufahren und unsere Fahrt auf dem **Brück-Forsbacher Weg** fortzusetzen.

Monte Troodelöh

Infotafeln des Landesbetriebs Wald und Holz NRW am Wegesrand sind Teil eines Bodenlehrpfads und weihen uns am jeweiligen Ort praxisnah in die Geheimnisse des Ökosystems Boden ein.

An der Kreuzung des Brück-Forsbacher Wegs mit dem **Pionier-Hüttenweg** (dazwischen liegt übrigens der Bergmannspfad) sehen wir einem schönen Sitzbereich gegenüber die sogenannte **Kaisereiche 3**. „Sogenannte" deswegen, weil die 1908 zum Gedenken an Kaiser Wilhelm I. gepflanzte Eiche nicht mehr existiert. Vielleicht nicht ganz zufällig suchten französische Besatzungssoldaten sie nach dem Ersten Weltkrieg als Ziel für Schießübungen aus. Offenbar bestand in der Bevölkerung aber weiterhin das Bedürfnis nach einer Kaisereiche, sodass ein natürlich gewachsener Baum in der Nähe nun diesen Namen trägt.

Bei der Weiterfahrt überqueren wir den Bahntrassenradweg Sülztalbahn und die Bensberger Straße, fahren in den **Tütbergweg** und gelangen mit einigen Bögen bis zum Tütberg, auf dem links ein Haus steht. An der nächsten Weggabelung gibt es eine Unterstellmöglichkeit und eine kleine Plakette auf deren rechter Seite: **Erna-Schreiber-Weg.** Es handelt sich um einen 44 Kilometer langen Wanderweg des Kölner Eifelvereins. Die Namensgeberin führte bis in ihr 91. Lebensjahr zweimal wöchentlich unzählige Wanderfreundinnen und Wanderfreunde durch das Bergische Land und erhielt 1999 für ihr beispielhaftes soziales Engagement die Bundesverdienstmedaille.

Für die Seele

Durch den Schatten und die Kühle der Wälder erhalten wir Energie zurück, um Körper und Seele aufzutanken.

Forsthaus Steinhaus

Wir fahren auf dem **Lehmbacher Weg** (zweiter Weg von links) weiter und biegen an der nächsten Kreuzung links ab in die **Brüderstraße.** Wenn wir einmal rechts und zweimal links fahren, stehen wir vor dem **Forsthaus Steinhaus 4.**

Der zuständige Mitarbeiter für die Waldpädagogik und für das Veranstaltungsprogramm des Forsthauses gibt uns gern Auskunft über die Naturschutzgebiete Königsforst und Wahner Heide. Ausstellung und Infomaterial machen uns mit dem Primaklima e. V. bekannt, der hier seinen Sitz hat. Er setzt sich im Hinblick auf den Klimawandel für Aufforstungsprojekte ein. Im Innenhof des Forsthauses lädt uns das **Waldcafé Steinhaus** an Wochenenden zur gemütlichen Pause ein.

Wir kehren zurück zum **Lehmbacher Weg,** biegen links ab und überqueren die A 4. Rechts von uns liegt der **Technologiepark Bergisch Gladbach 5,** ein Gewerbegebiet der besonderen Art: Hier werden gezielt Unternehmen mit innovativen Ideen angesiedelt. Sie können auch durch die Existenzgründerhilfe vor Ort gefördert werden.

Wir biegen nach rechts in die **Friedrich-Ebert-Straße**

*Das geschichtsträchtige **Forsthaus Steinhaus** wurde 2010 im Rahmen der Regionale zu einem Infoportal des Landesbetriebs Wald und Holz NRW ausgebaut. Hier wird erklärt, wie der Königsforst den Menschen als Lieferant für viele Naturgüter wie Sauerstoff, Wasser oder Holz dient.*

Bei Asselborn

ein und folgen dem Straßenverlauf (L 195, später L 289) knapp 4 Kilometer auf dem Radstreifen, der hinter **Birkerhöhe** auf die linke Straßenseite wechselt. In **Herkenrath** dürfen wir die Autostraße verlassen und biegen links ab in den **Asselborner Weg.** In angenehmer Ruhe fahren wir bergab, folgen in einer scharfen Rechtskurve weiterhin dem Asselborner Weg. Die wenig befahrene Straße durch **Asselborn** und **Asselborner Hof** bringt uns zu Gut **Schiff,** wo wir auf die **Kürtener Straße** und das **Alte Freibad Herrenstrunden** 6 stoßen.

Wir machen einen Abstecher nach links und verlassen die Straße hinter dem Gehöft Schiff nach rechts auf einem wunderschönen Waldweg, der uns bis zur **Igeler Mühle** 7 bringt. 1859 erbaut, war sie ursprünglich als Steinschneidemühle zur einheimischen Kalksteinverarbeitung geplant. Bürgerproteste führten dazu, dass sie als Getreidemühle ihre Arbeit aufnahm. Heute ist in der Mühle das **Won-Buddhistische Meditationszentrum** untergebracht. Die hier praktizierte Meditation ist „zeitlos und ortlos“, sie wird immer und überall, bei allen Tätigkeiten, geübt. Der Won-Buddhismus kennt nur ein einziges Meditationsobjekt: einen Kreis auf einem weißen Feld, der den kosmischen Buddha-Leib, den Dharmakaya (Trikaya), symbolisiert.

!

*Das **Alte Freibad Herrenstrunden** besteht seit 1930, hat aber kein großes Wasserbecken mehr zu bieten. Heute lässt sich hier bestens relaxen, Sport treiben, genießen oder ausgelassen feiern. Es gibt einen Beachvolleyball- und Fußballplatz, eine Liegewiese, Lounge und Biergarten.*

Buddhistisches Zentrum

Papiermühle Alte Dombach

*Idyllisch wirkt die fast 400 Jahre alte **Papiermühle Alte Dombach** mit ihren Fachwerkgebäuden. In der passenden Umgebung erfahren Besucher, wie Papier hergestellt wird, was man alles damit machen kann und welche Auswirkungen das auf die Umwelt hat.*

Wir setzen unsere Fahrt entlang der Strunde fort und erreichen nach kurzer Zeit die **Papiermühle Alte Dombach** 8. Sie ist ein Highlight unserer Tour, das Idyll und Papier in hervorragender Weise miteinander verbindet.

Am meisten staunen wir beim Museumsrundgang über die mächtige PM 4. Diese Papiermaschine aus dem Jahr 1889 ist 40 Meter lang und fast 5 Meter hoch. Kaum zu glauben, dass damit „nur" Papier hergestellt wurde! Aber auch die schöne Umgebung der Mühle lädt zum Verweilen ein und ein nettes kleines Café verführt uns zu Speis und Trank.

Der herrliche Waldweg bringt uns zurück bis zur Straße und dem **Alten Freibad Herrenstrunden.** Dahinter könnten wir unsere Rundstrecke links auf dem Bücheler Weg fortsetzen, entscheiden uns aber für einen **Abstecher.** Er bringt uns zur **Burg Zweiffel** ⑨ gleich links.

Seit 1251 als Sitz der Herren „von Strune“ oder „von Strunde“ nachweisbar, hat Burg Zweiffel, auch Burg Zweiffelstrunden genannt, ihren Namen von ihren Besitzern im 15. und 16. Jahrhundert, dem Adelsgeschlecht derer von Zweiffel. Das bis heute erhaltene Haupthaus der einstigen Wasserburg wurde 1663 erbaut und ist in Privatbesitz.

Direkt hinter der Burg auf der gleichen Straßenseite entdecken wir das **Restaurant Dröppelminna** ⑩. Seit 1997 hat es der Elsässer Joël Schramm als feste Adresse für Feinschmecker in der Region etabliert. Gäste wissen neben der Qualität der frisch zubereiteten Speisen auch das einzigartige Ambiente des liebevoll eingerichteten Lokals und die Freundlichkeit des „Patrons“, wie Schramm sich selbst nennt, zu schätzen.

Weil Kaffeesatz den kleinen Zapfhahn verstopfte, „dröppelte“ die Kanne oft. Ihre Form, die an eine resolute Hausfrau erinnert, gab der ***Dröppelminna*** *ihren Namen. Die ursprünglich aus Asien stammende „Kaffeekanne holländisch Fasson“ wurde im Bergischen zum Symbol der Gastlichkeit.*

Restaurant Dröppelminna

Kurz hinter dem Restaurant finden wir eine weitere gute kulinarische Adresse in der **Malteser Komturei** ⑪. Der einstige Verwaltungssitz des Johanniterordens aus dem 13. Jahrhundert wurde 1806 verstaatlicht. Heute in Privatbesitz, präsentiert sich das Gebäude mit dem Hausweiher und der Terrasse in wunderschöner Optik und beherbergt ein Restaurant und Hotel.

Wir machen kehrt und biegen hinter der Burg Zweiffel rechts in den **Bücheler Weg** Richtung **Combüchen** ab. Waren auf unserer Tour Steigungen bisher selten, so erwischt es uns nun doch. In dem Moment, in dem es so aussieht, als hätten wir es geschafft, zweigt rechts der Weg nach **Combüchen** ab und verlangt uns eine weitere Anstrengung ab.

Vor der Höhe erreichen wir einen Betrieb, der uns zu einer Verschnaufpause einlädt. Die **NUAS Natur- und Abenteuerschule** ⑫ verwertet Holz und verwendet so den gleichen Rohstoff wie die Papierindustrie in Bergisch Gladbach. Sie baut daraus, wie sie es nennt, „Natur-Spiel-Räume" für Kinder. Wie solche Projekte aussehen können, kann man sich gerne von einem Mitarbeiter der Firma zeigen lassen.

Bis zur Höhe ist es nicht mehr weit, und wir biegen an der **B 506** rechts und sofort wieder links ab. Liebhaber von Fleischprodukten vom Bauernhof können jetzt einen Abstecher geradeaus zu **Essers Hofladen** ⑬ machen. Die Tiere werden hier ausschließlich mit selbst erzeugtem Futter ernährt.

Wir kehren bis kurz vor die Bundesstraße zurück und setzen unsere Fahrt nach rechts parallel zu ihr auf einem wunderschönen Höhenweg fort. Wenn wir Glück haben, können wir rechts den Rheinturm in Düsseldorf und links Köln und das Land bis hin zur Eifel sehen. Die **Oberborsbacher Straße** bringt uns bergab zur **Odenthaler Straße** in **Voiswinkel**, in die wir links abbiegen. Wir verlassen sie sofort wieder rechts in die **St. Engelbert-Straße**. Diese geht in einem Waldgebiet in den **Nußbaumer Weg** über, von dem wir vor

Buschhorn nach links auf den **Hufer Weg** wechseln. Die zweite Straße rechts, **Weidenbuscher Weg,** endet an der **Kempener Straße.** Dort biegen wir nach rechts und sofort zweimal nach links ab. Der **Herkenfelder Weg** bringt uns nach **Paffrath,** wo wir scharf rechts in die **Badstraße** einbiegen. Diese endet in der **Waldsiedlung Heidgen.** Nach links führt uns die Katterbachstraße zwischen dem Kölner Stadtwald auf der rechten und dem Bergisch Gladbacher Stadtwald auf der linken Seite zu unserem nächsten **Abstecher.**

Scharf links geht es an einem ausgetrockneten See entlang zur **Diepeschrather Mühle (14).** Bei schönem Wetter können wir auf der Terrasse des Restaurants im Innenhof, mitten in der idyllischen Umgebung des Diepeschrather Walds, den Abschied vom Rheinisch-Bergischen Kreis angemessen begehen – und auch noch ein wenig länger hinauszögern.

Um zum Ausgangspunkt zurückzukommen, fahren wir den **Diepeschrather Weg** zurück, der in die **Diepeschrather Straße** übergeht. Sie bringt uns geradewegs zum S-Bahnhof.

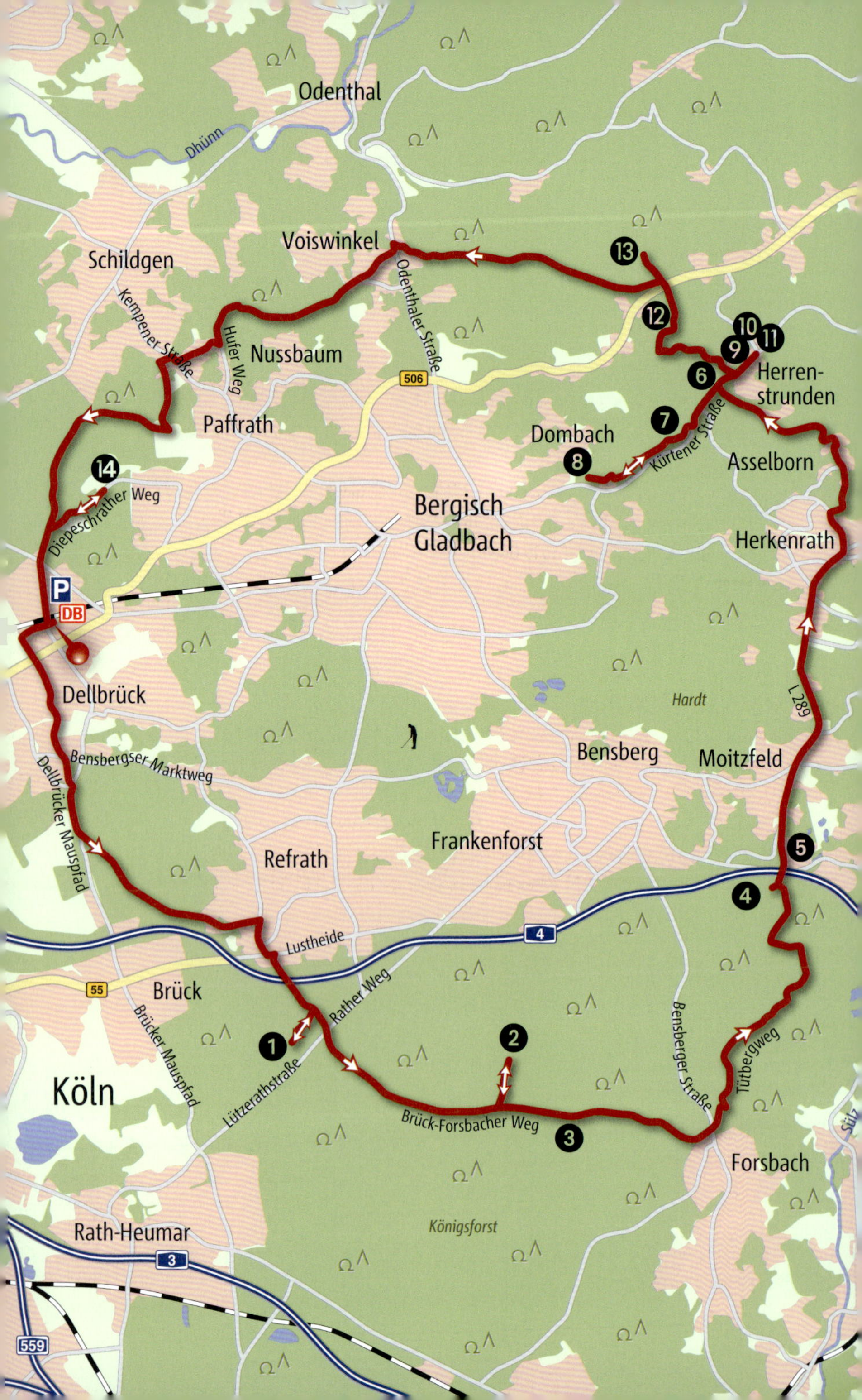
Odenthal
Dhünn
Voiswinkel
Schildgen
Kempener Straße
Hufer Weg
Nussbaum
Odenthaler Straße
506
Paffrath
Herren-
strunden
Dombach
Kürtener Straße
Asselborn
Diepeschrather Weg
Bergisch
Gladbach
Herkenrath
DB
Dellbrück
Hardt
L 289
Bensberger Marktweg
Bensberg
Moitzfeld
Dellbrücker Mauspfad
Refrath
Frankenforst
4
Lustheide
Rather Weg
55
Brück
Brücker Mauspfad
Lützerathstraße
Köln
Brück-Forsbacher Weg
Bensberger Straße
Tütbergweg
Forsbach
Königsforst
Rath-Heumar
3
559
Sülz
1
2
3
4
5
6
7
8
9
10
11
12
13
14

WIE & WANN:
Überwiegend befestigte oder asphaltierte Wege, streckenweise mäßig befahrene Straßen; beste Radelzeit April bis Oktober

HIN & WEG:
Auto: Parkplatz „An der Festwiese“, Beschilderung Womoland (GPS: 49.856232, 8.365177)
ÖPNV: S 11 bis Köln-Dellbrück

ESSEN & ENTSPANNEN:
Restaurant Dröppelminna ⑩ Herrenstrunden 3, 51465 Bergisch Gladbach, Tel. (0 22 02) 3 25 28, www.restaurant-droeppelminna.de (Mi.–Sa. bergische Waffeln ab 15, Restaurant ab 18, So. Waffeln ab 12, Restaurant ab 18.30 Uhr)
Malteser Komturei ⑪ Herrenstrunden 23, 51465 Bergisch Gladbach, Tel. (0 22 02) 95 97 80, www.malteser-komturei.de/restaurant (Di. 18–22, Mi.–Sa. 12–22, So. 12–21 Uhr)
Essers Hofladen ⑬ Straßen 3, 51519 Odenthal, Tel. (0 22 02) 7 90 57, www.essers-hofladen.de (Mi., Do. 15–18, Fr. 8–12 und 15–18, Sa. 9–14 Uhr)
Diepeschrather Mühle ⑭ Diepeschrather Weg 80, 51469 Bergisch Gladbach, Tel. (0 22 02) 1 88 63 38, www.diepeschrather-muehle.net (Di.–So. 12–14.30 und ab 17.30 Uhr)

ENTDECKEN & ERLEBEN:
Wildgehege Brück ❶ **Monte Troodelöh** ❷ **Kaisereiche im Königsforst** ❸
Forsthaus Steinhaus mit Waldcafé ❹ Steinhaus 1, 51429 Bergisch-Gladbach, Tel. (0 22 61) 7 01 03 07, www.wahnerheide-koenigsforst.de
Technologiepark Bergisch Gladbach ❺ **Altes Freibad Herrenstrunden** ❻
Igeler Mühle mit Won-Buddhistischem Meditationszentrum ❼
Papiermühle Alte Dombach ❽ Alte Dombach/Kürtener Straße, 51465 Bergisch Gladbach, Tel. (0 22 34) 9 92 15 55
Burg Zweiffel ❾ Herrenstrunden 1, 51465 Bergisch Gladbach
NUAS Natur- und Abenteuerschule ⑫ Combüchen 1, 51465 Bergisch-Gladbach, Tel. (0 22 02) 2 85 16-0, www.nuas.de

Entspannungsfaktor ✱✱✱✱✱
Genussfaktor ✱✱✱✱✱
Romantikfaktor ✱✱✱✱✱

Die GPS-Daten zu jeder Tour gibt es auf
www.drosteverlag.de

Konzeption/Satz: Droste Verlag, Düsseldorf
Einbandgestaltung: Britta Rungwerth, Düsseldorf, unter Verwendung von Bildern von stock.adobe.com: © anatskwong; fotolia by Adobe: © 3d_generator, © Andrey Kuzmin, © niroworld, © Nik Merkulov; Schutterstock.com: © Caue de Oliveira Buck, © Nik Merkulov
Fotos: Peter Bockholdt, Hilden
Karten: Thorsten David, Bochum
Druck und Bindung: Gutenberg Beuys Feindruckerei GmbH, Langenhagen

ISBN 978-3-7700-2140-6
www.drosteverlag.de